Faire une pause
dans sa vie

Du même auteur
aux éditions Payot

Fous de l'Inde. Délires d'Occidentaux et sentiment océanique

Régis Airault

Faire une pause dans sa vie

Au pays de la lune à l'envers

Petite Bibliothèque Payot

Retrouvez l'ensemble des parutions
des Éditions Payot & Rivages sur

www.payot-rivages.fr

106, boulevard Saint-Germain, 75006 Paris

INTRODUCTION

Petits bonheurs, bulles et parenthèses

Stop ! Pouce ! Je ne joue plus, j'arrête.

S'arrêter... Arrêter la machine qui s'emballe. Se mettre à l'écart du tourbillon de la vie, se poser sur la rive avant d'être emporté... ou de s'emporter.

Un peu à l'écart des hommes, un peu à l'écart du monde, avec juste ce qu'il faut de présence pour vivre ce moment-là.

Regarder enfin le temps passer, les étoiles briller, les enfants grandir.

Faire une pause, une parenthèse de vie : nous en rêvons tous, mais peu s'y risquent. Pourquoi est-ce compliqué, alors que c'est si simple ? Serions-nous résignés par peur du changement, mais aussi du vide, du silence, du néant, dès que l'on touche du doigt la réalité de nos projets de vie ?

Changer tout, rompre avec le quotidien, partir, se réfugier à la campagne [1], voyager, prendre en main sa destinée au lieu d'en arriver aux extrêmes et de tout casser : le couple, le travail, la santé.

Avant d'être au bord de l'asphyxie, apprenons à respirer, à souffler, à ménager des pauses dans la vie de tous les jours, des soupapes.

Nous avons besoin d'un lieu intermédiaire entre le monde et notre intime. Dès le plus jeune âge, il nous permet d'aller sans trop de risques vers les autres. Cet espace tiers sert à mettre de la distance, à ne pas être en prise directe avec la réalité. Il évite les courts-circuits en faisant « gaine [2] » sur les fils du courant de la vie.

Tout bébé, le sein puis le « doudou », le « nounours » ou le « pinpin » occupent cette place. Ensuite le jeu de l'enfant, puis, adulte, la

---

1. Se mettre au vert, c'est changer la couleur du monde. *Cf.* J.-D. Urbain, *Paradis verts. Désirs de campagne et passions résidentielles*, Paris, Payot, 2002.

2. J'emprunte cette image à Philippe Jeammet, qui l'a utilisée lors du colloque « De l'âge de raison à l'adolescence : quelles turbulences à découvrir ? », Paris, juin 2003.

culture, le voyage, la religion, mais aussi et surtout l'espace de la parole, nous permettent d'atténuer les effets des agressions extérieures et de mieux supporter le « malaise dans la civilisation [1] ».

Comme l'enfant, l'adolescent a besoin d'un lieu où se mettre en « jachère psychique ». Il y puisera sa force pendant des années. Les grands arbres font de grandes racines, dit le proverbe. C'est d'autant plus vrai que cette période de la vie est un « pot au noir » : il n'y a plus de vent et les jeunes se laissent porter au gré des courants [2], attendant que le souffle de la vie les pousse à nouveau vers le rivage. Au risque de ne plus pouvoir reprendre la barre de leur destinée.

En attendant le grand soir du changement radical, il faut savoir se ménager, trouver des interstices, des respirations, des moments heureux à capter sur le vif. Ces bulles de bonheur qui donnent des pigments, de la matière au tableau de la vie, sont à savourer. « Petits riens », ils nous rapprochent du « grand tout » : ainsi,

1. S. Freud, *Malaise dans la civilisation* [1929], Paris, PUF, 1983.

2. Le plus souvent regroupés comme sur *Le Radeau de la Méduse*.

prendre le temps d'un petit déjeuner, ou se poser quelques minutes à la terrasse d'un bistrot. Et là, écouter les bruits du bar, de la rue, du clapotis de son âme, revisiter ses rêves avant d'affronter le monde.

Se donner du temps est une nécessité, faute de quoi celui-ci s'impose par le biais du corps, des conflits ou de la maladie. Certains se retrouvent ainsi, au bout d'eux-mêmes, à l'hôpital. Annonce d'un cancer qui force à changer de cap, à arrêter la fuite en avant, à réfléchir. Séparations, tentatives de suicide pour modifier une destinée ou simplement se poser, se reposer. D'autres vont jusqu'à la prison : à défaut de pouvoir s'arrêter, ils se font arrêter. « C'est la goutte d'eau qui a fait déborder le vase », disent souvent les personnes en crise [1]. Besoin d'une parenthèse, d'une écoute, d'un creux pour entamer le plein et recueillir le trop-plein.

Jeune, on se met dans des bulles, on se réfugie sur sa planète : espace entre son monde et l'extérieur. Jeux vidéo auxquels on joue en solitaire, mais aussi jeux avec ses pairs adolescents : cartes

1. Il existe des dizaines de variations sur cette phrase qui exprime le « ras le bol », depuis « C'est la goutte d'eau qui a débordé du vase », jusqu'à : « C'est la vase qui a fait déborder la goutte d'eau. »

Magics, jeux de rôles, de gendarmes et de voleurs, réseau Internet, la liste est infinie. On peut aussi adopter des attitudes marginales ayant valeur initiatique, telles les conduites addictives toxiques ou de comportement (anorexie, boulimie, kleptomanie, etc.), mais au risque de s'y enliser. Bulles fermées sur elles-mêmes. Éviter de vieillir et, par là même, d'envisager sa finitude... On passe du récréatif à la dépendance, du verre à l'alcoolisme, de l'herbe à la défonce. Chaque échappée a ses contraintes, ses limites, ses dangers. Chaque lumière crée une ombre qui lui est propre. Ainsi les moments de fête, de transes collectives aux allures fusionnelles, comme les raves : un « mouvement », une parenthèse ouverte sur les infinis, dans laquelle certains peuvent s'éterniser.

Au bout du compte, quel que soit notre choix de vie, on ne s'en sort pas vivant : la mort est au bout. Toutes les alternatives sont donc permises. Le tout, c'est d'agir : *just do it*[1]. Certains remplissent leur existence d'expériences multiples : curiosité ou fuite en avant ? D'autres se figent comme des moules sur un rocher en attendant la retraite, cette pause socialement correcte : lâcheté ou sagesse ?

1. Comme disaient les hippies des années 1970 et comme le clament, aujourd'hui, les publicités pour... Nike.

Pour ma part, tout en essayant de garder intactes mes capacités d'émerveillement, je choisis d'explorer, entre réalité intérieure et réalité extérieure, les « débrayages », grands ou petits, que notre société traque comme des résistances. Et surtout, je cultive la vigilance pour ne pas me laisser entamer par les idéologies (intégrismes religieux ou laïques) et les *a priori* de toutes sortes qui ne laissent aucune marge de manœuvre : ligne blanche continue sur l'autoroute de la vie interdisant tout dépassement de soi-même. Principes liberticides qui bloquent le changement : les révoltes et les guerres deviennent alors des respirations nécessaires pour reprendre les chemins de traverse. Derrière cela se cache la peur des autres, teintée de toute-puissance : on se prend vite pour le maître du monde devant son écran, à guetter le scoop qui chasse l'événement de la veille. Fuite en avant pour évacuer le passé, la mémoire, dénier ainsi le temps et son point d'orgue : la mort.

En quittant brusquement Paris, j'ai opté pour la mise en ailleurs, même s'il n'est pas simple de « se pousser à l'acte », de risquer l'expérience non virtuelle, de faire le grand écart.

❧

Partir entre deux eaux, entre deux terres. Partir loin, plus loin – et enfin un rivage : Mayotte[1],

1. Petite île française de l'archipel des Comores entre

île entre deux cultures, l'Afrique et l'Europe, au cœur de l'océan Indien. Voilà le lieu idéal, me disais-je, pour écrire sur la parenthèse, la pause, l'arrêt sur image. Un temps de réflexion sur le temps qui ne passe plus, dans un décor de vacances aux deux sens du terme. L'île-Éden, la vision idyllique de l'ailleurs, les congés payés version XXIe siècle. Mayotte, jusque-là vierge de toute psychiatrie, où je mets en place depuis septembre 2001 une politique de santé mentale. Mais cette « bulle » insulaire aux allures paradisiaques pique les yeux dès que, fragile, elle éclate : nous verrons qu'un lieu de travail reste un lieu de travail, malgré les cocotiers, les baleines et le lagon. On passe brutalement de l'île-Éden à l'île-bagne où règnent culpabilité et esclavage salarié. L'homme blanc sanglote [1] sous le regard étonné des femmes mahoraises allongées sur leur véranda. On se dit alors qu'il y a leurre sur la destination. Dépression du post-partir, ou clairvoyance dans la brume de chaleur ?

Nous nous arrêterons aussi chez l'enfant sauvage de Nyambadao, enfermé dans sa psychose – le *shetwane*, le diable –, à ne pas confondre avec les crises de possession par les *djinns*, ces

---

Madagascar et l'Afrique de l'Est, située dans le canal du Mozambique.

1. P. Bruckner, *Le Sanglot de l'homme blanc. Tiers-monde, culpabilité, haine de soi*, Paris, Seuil, 1983.

esprits qui vous possèdent et avec lesquels il faut faire alliance au cours de rituels bien précis, aux allures de raves : les *patros* comoriens et les *trumbas* malgaches.

Avant ces cérémonies, nous découvrirons d'autres espaces transitionnels : les *bangas*, ces cases où les adolescents mahorais s'essayent à la liberté avant de devenir adultes, et qui rappellent l'aventure des squats artistiques en Europe.

ଔ

La seule solution, en attendant la pause finale, est peut-être de ne pas battre en retraite et de capter les petits riens qui font les grands bonheurs. Car la pause, c'est d'abord un état d'esprit, une manière de regarder le monde, les pieds sur terre et la tête dans les étoiles ; de prendre du recul, pour mieux respirer, chacun à sa façon. Savoir faire une pause, sur place, en soi, c'est avant tout poser un nouveau regard sur ce qui nous entoure [1] et, comme on le répète inlassablement en Afrique, avoir toujours à l'esprit le matin, au réveil, qu'on doit mourir demain.

---

1. « Un passant aux yeux naïfs peut parfois mettre le doigt sur le centre », écrit Henri Michaux, *Un barbare en Asie*, Paris, Gallimard, 1933.

CHAPITRE PREMIER

Avant de tout casser

> « Au fond, ce que j'aimerais plus tard quand je serai grand, c'est d'être petit et malade pour qu'on s'occupe de moi. »
>
> Grégoire SOLOTAREFF, *Moi, Fifi*

Bad karma pour les lentilles

Il pourrait être intéressant pour un anthropologue de côtoyer, au jour le jour, un psychiatre en activité au sein d'un hôpital général. Ce médecin d'une espèce en voie de disparition se retrouve hors de son milieu naturel et en hyperactivité, comparé à la temporalité toute particulière de l'hôpital psychiatrique. Décentré par rapport à sa culture, les spécialités dites médicales deviennent alors pour lui autant de pays mystérieux aux langages étranges. Considéré comme un extraterrestre par ses collègues tout de blanc vêtus, il ira d'errance en découverte, au gré des demandes et des rejets. Il finira par ouvrir des portes, des fenêtres (thérapeutiques) et enfin, avec un peu de constance, un dispensaire (de brousse) d'écoute et d'humanité dans cette savane où résonne le bruit mystérieux des scopes et des respirateurs. En deux mots, l'hôpital général est pour un psychiatre EXOTIQUE.

Arrivant de l'Inde, par exemple [1], on n'est pas dépaysé : on retrouve surpopulation, ingéniosité, bricolage, et surtout optimisme à toute épreuve dans un climat de guerre civile. Ainsi des urgences à la tombée de la nuit ou à l'époque des fêtes de Noël (problèmes familiaux) et du Nouvel An (mystiques, millénaristes). Bref, foultitude, misère et bonheur enchevêtrés rapprochent les deux continents ; les infirmières, souvent seules par étage de trente malades, passent du rire aux larmes, tout en répondant à la famille qui vient d'apprendre le décès de la grand-mère, au médecin cherchant la chambre d'une patiente sortie la veille, ou au psychiatre appelé en désespoir de cause par l'équipe qui sait très bien son impuissance face à l'entropie ambiante, mais qui devine, au fond de son regard interrogateur, les vestiges d'une médecine humaniste.

---

1. Et au hasard...

C'est alors que surgit la meute d'adolescents, les copains du 743-fenêtre, ceux qui jouent à cache-cache dans les chambres des grabataires. Là, rien ne va plus : le « psy » qui a fait don de cette tentative de suicide à l'étage, but de sa visite, devient soudain la bête noire, cristallisant d'un coup le manque de personnel et l'incompétence de sa spécialité : « Ce n'est pas un hôtel ici... » Seul remède : se replier à l'étage du dessous, puis revenir dans l'après-midi. Éviter l'orage électrostatique, ne pas attraper la tourista, se laver les mains après avoir touché du doigt ces plaies institutionnelles, et surtout ne pas s'offusquer car ce message ne nous était pas personnellement adressé... Ce n'était qu'un court-circuit dans une machine en surchauffe.

Je disais donc : EXOTIQUE, l'hôpital général, mais je ne sais pas si je viendrais y passer des vacances [1] malgré le côté missionnaire en terrain papou qui m'amuse : stress, speed ; courir, capter, parler, écouter ; urgences ; monter, descendre, remonter ; familles, équipes, décès, naissances... L'ambiance est assurée, les habitants accueillants et la chaleur tropicale. Le choc culturel passé, le psychiatre est vite pris dans un tourbillon d'histoires dont il tire des leçons d'humanité, d'inhumanité et de vie. Les somaticiens, ainsi dénommés pour leur propension à ne vouloir

1. Ou alors dans le cadre de missions humanitaires de sauvetage du service public...

s'occuper que de la partie corporelle des choses (et c'est déjà beaucoup, vu la quantité de travail), expédient leurs patients avec la prescription « avis psychiatrique ». Ils en attendent peut-être un diagnostic, mais surtout une décision, une orientation. La sortie ou le transfert en « milieu spécialisé » est la meilleure nouvelle. Quant au traitement médicamenteux, il justifie la présence et la nécessité de garder le « patient psy » dans un lit de médecine, ô combien précieux en ces temps de pénurie. C'est à ce prix que l'on peut permettre à une poignée d'élus de souffler quelques jours et de faire un panoramique socio-conjugo-familial pour voir et comprendre où ça fait mal.

Les adolescents adorent ces ambiances grunges et parfois macabres. Les vieux évitent de traîner dans ces lieux, mais n'ont pas trop le choix. Et les moins jeunes se surprennent à réfléchir sur eux-mêmes dans cet entre-deux mondes que représente cette parenthèse de vie inopinée. Souvent, les symptômes se dégonflent au bout de quelques jours comme un vulgaire soufflé : l'adolescent suicidaire révise ses positions radicales de non-vie tout en promettant à la grand-mère d'à côté d'aller faire ses courses quand elle sera de retour chez elle. Le mari abandonné et prêt à sombrer dans l'alcool anime un petit groupe de femmes séparées et fumeuses sur le palier du service de pneumologie. Quant à la grand-mère, elle recommence soudain à manger et parle de sortie. Les destinées s'enchevêtrent, se croisent, se tricotent, se tissent et se défilent. L'hôtel serait-il thérapeutique ?

Chaque crise est difficile à traverser, mais il en résulte toujours quelque chose de positif, le tout est de la passer comme on traverse un fleuve : prendre le gué ou attendre que le flux se calme. Moments charnières de la vie que sont la naissance, l'adolescence, la vieillesse et la mort, auxquels s'ajoutent d'autres périodes difficiles dont on sort généralement « grandi » : décès, deuils, séparation, perte d'emploi, accidents, maladies qui forcent à aller sur la rive. Le principal, dans ces moments-là, c'est de trouver un lieu où se poser. Un cadre et une écoute « hors monde ». Un refuge à l'écart des autres, de sa famille, de soi. Et un passeur : un simple regard dans la rue peut servir à l'adolescent pour ne pas couler à pic, se raccrocher et continuer. La pente naturelle, quand on va mal, est d'aller aux urgences : porte ouverte, refuge, écoute. L'hôpital est accepté facilement, car il n'a pas de connotation psychiatrique : il marque le coup sans « marquer » le patient.

Médiateur d'humanité, tel est finalement le rôle du « psy » à l'hôpital général : parler de tout et de n'importe quoi de préférence[1]. Ça fait ses effets, ça met de l'huile dans les rouages, ça déclenche le voyage intérieur : écouter le patient, mais aussi l'équipe ; faire le lien, prendre le temps même s'il est compté, introduire une vacance dans cet espace hors monde. Et surtout être libre, car c'est cela qui soigne. Un soignant libre est un soignant qui guérit. Capter la poésie de cette étrange contrée qui pulse, qui aide, qui accompagne, qui soutient, qui souffre. « Vous vivez de quoi ? – Je vis de peu, mais je suis libre et j'ai la santé... » Savoir se poser et écouter la douleur. Voir ce qu'elle nous apprend sur nous-mêmes. Arrêter cette course stupide, cette fuite en avant. Écouter son vague à l'âme. Et si le vent de la mort souffle, être capable d'attendre que la tempête s'éloigne. Quand la marmite de l'inconscient, ou du trop-conscient, bout, laisser s'échapper la vapeur des symptômes et lire dans les nuages ainsi formés le passé, l'avenir. Digérer le présent et ne pas hésiter à poser le bivouac en attendant demain.

La médecine, le corps douloureux : d'accord, mais la souffrance avec deux « f », c'est insi-

1. Comme disait le psychiatre Lucien Bonnafé qui nous a quittés en 2003.

dieux, ça vous dissèque par l'intérieur. Alors que la douleur tourne en rond, la souffrance morale vrille les profondeurs, touche la pulpe de l'âme, et quand ça commence à faire mal, seul un moment magique peut enrayer le processus. Je ne sais pas quel moyen, mais souvent un mot, une phrase, une rencontre peuvent faire tout basculer. Il n'y a pas de recette. L'inconscient parle à l'inconscient. Rompre les résistances et commencer à philosopher, à simplement parler de sa place, de thérapeute peut-être, mais surtout d'homme... Et certains qui voudraient nous imposer du « prêt-à-écouter », alors qu'il faut inventer, rebondir, saisir, associer, vibrer, palper l'intime, sentir la longueur d'onde et choisir le bon moment pour finir l'entretien... jusqu'à la prochaine fois.

« Ça ne me convient pas, la vie », me disait, en rangeant sur la table de nuit son livre de Drieu la Rochelle, un jeune homme hospitalisé le jour de ses vingt ans. « Je ne suis pas un nomade, alors je m'en vais. Et comme j'ai raté mon suicide, je me suis fixé une date. Cette idée me permet de tenir. Depuis, je vis : je lis, je vais au cinéma. » Sursis, attente de cette limite, sans les contraintes et la lourdeur d'un quotidien qui n'est plus déterminé par la vie future. « Tu auras le temps plus tard, pense à tes études et en attendant tire la charrette. » « Sanglé à vif, le mulet », me disait un vieil ouvrier agonisant, épuisé, sur son lit d'hôpital. Il paraissait vingt ans de plus que son âge.

Serons-nous un jour heureux, nous les hommes ? Aller vers d'autres rivages, vers l'ailleurs, vers le là-bas, pour échapper à la mort qui se profile derrière le masque des habitudes. Échapper au *fatum*. Faire prendre un autre tour au destin. Avoir le courage de donner corps à son fantasme de vie. Mais l'homme a un côté plante verte : douleur de l'arrachement. Nomades, où êtes-vous passés ? Enfuis ? Non, sédentarisés dans des réserves animalières, dans des cités barbares. Des décasés, des SDF (Sans Détermination Fixe), des ZEP (Zones d'Éléphanteaux en Perdition). Le temps passe, linéaire, inexorablement. Lassitude. Alors la coupure devient vitale : crises qui bousculent la vie, pour lui donner du sens. Ruptures, couples qui se déchirent et partent vers d'autres chemins du cœur. Crises qui atteignent le corps, rempart de l'esprit. L'infarctus qui dit « stop, changement de direction ». Le cancer qui se ronge la queue. Le diabète pour d'autres. Ainsi les folies guerrières, quand les individus, las de la misère matérielle et/ou morale, crient avec les loups : aventures collectives, déferlements barbares. Chacun selon ses failles défaille. Certains choisiront le suicide : se couper les veines pour se couper du monde, des autres, de soi. Pour tirer un trait.

Appel du sixième étage, aile CD. Un petit trou, rond, bleuté, de six à sept millimètres de diamètre, au niveau du cœur. La main sur la poitrine, l'autre cramponnée à la potence qui surplombe le lit, l'homme pleure. Puis son visage se tord. Il suffoque et explique que sa femme l'a brutalement quitté, avec sa fille de quinze ans : « Elle aurait pu attendre sa majorité... Vous connaissez mon histoire, Docteur. Je vous ai vu ici-même il y a six mois. » Lui paraît bien plus vieux que la fois précédente. Au pied de son lit, comme pour enfoncer le clou, des charentaises toutes neuves à carreaux verts, étiquetées « chambre 647-fenêtre ». « Ça vous rajeunit pas, ça fait vieillard sénile », lui dis-je, complice : rires, étouffements. « Et l'arme, elle vient d'où ? » Son regard se perd à l'intérieur, ses yeux se noient. « Ah ça, c'est un souvenir d'Indochine. Ça aussi, l'Indochine... des conneries, et mes amis, des mecs bien, tous morts. Quand je pense à ces jeunes dans les cités qui jouent à la guerre... » Son regard s'enfonce à nouveau dans les plis de l'âme. Silence. « Il ne veut pas en reparler, de l'Indochine. Faut dire que c'était dur », m'avait confié son beau-frère avant que je ne pénètre dans la chambre. Une infirmière entre brutalement : « Excusez-moi, les visites sont terminées ! J'apportais le pistolet[1]. » Échange d'un dernier sourire, on se revoit demain. À la une des journaux aujourd'hui : la torture en Algérie. Dans les nouveaux films : la sortie version longue d'*Apocalypse Now*.

Certains voyagent pour apprivoiser la mort, pour s'entraîner au dernier voyage ; pour se faire à l'idée du grand voyage, du départ. Mais on peut aussi rester sur place, comme Henri Michaux, à écouter ses mouvements intérieurs. L'hospitalisation, qui est une parenthèse de vie, permet cette expérience. Larguer les amarres, flotter, laisser s'agiter les fourmis humaines. Regarder la terre comme on regarde le ciel, prêter enfin attention aux étoiles filantes.

Je suis rentré plus tôt et vers 19 heures j'étais chez moi. Plongé dans mes pensées, je garai ma voiture dans le parking de l'immeuble puis retournai vers l'ascenseur. Un plastique gris métallisé attira mon attention : il bougeait ou

1. L'urinoir.

plutôt tressautait, dans la petite voiture rouge de mon voisin. Je fis le tour et compris en voyant cette grande marionnette avec son sac Picard Surgelé sur la tête : mon voisin se suicidait. Je me précipitai et déchirai le plastique. Un exsudat gluant se répandit alors, avec au milieu son visage tout bleu aux yeux blancs révulsés. Instant de panique. Le temps d'essayer d'appeler le Samu et mon voisin revient à lui. On monte ensemble à la maison, où je lui offre un verre. « Encore raté, me dit-il. Décidément, ça n'arrêtera jamais, cette vie de con. » Et son fils : « C'est pas grave, on a l'habitude. » Moi non, et toute la nuit son spectre gigotant me hanta. Difficile, par la suite, de le croiser dans l'ascenseur. La semaine suivante, il changeait ses meubles et me faisait don de ses trois fauteuils « de grand-père » en cuir. Il tournait la page. Moi aussi : peu après je déménageais.

Ruptures

« Je n'ai plus aucune raison de vivre, mais je ne suis pas déprimée », me dit cette femme, responsable dans une grande entreprise, qui vient de faire une tentative de suicide. Son mari l'a quittée pour aller vivre avec sa secrétaire, « une grosse pouffe sans intérêt qui a dix ans de moins que lui ». Lui : « Je viendrai t'aider, je tondrai ta pelouse... » Elle : « Salaud ! » Le ton monte. La voisine met sa robe de chambre avec des petits cœurs rouge fluo et s'éclipse discrètement. Elle, en pleurs : « Pourquoi tu pars ? Je t'aime. » Lui, d'une voix faible et monocorde (faussement douce) : « Souviens-toi, un jour tu m'as dit : on vit ensemble parce que tu n'as pas les couilles de divorcer. Alors, pour une fois, je prends une décision... » Je les laisse : aux urgences, un conducteur de poids lourd s'enfonce dans le coma suite à une overdose. L'obsession de la ligne blanche du routier toxico...

Je suis à peine sorti de la chambre qu'une patiente m'explique, entre deux portes, qu'il lui faut un arrêt de travail : elle vient de quitter la clinique où je lui avais trouvé une place quatre jours auparavant. « Vous comprenez, me dit-elle main dans la main avec son nouvel amant (son mari l'a quittée, elle aussi, mais elle a trouvé un remplaçant à l'hôpital), on est jeunes, on avait envie de faire l'amour. Ils n'ont pas voulu me laisser sortir en permission.

– Alors elle a signé une décharge », poursuit son ami, sans sourciller...

Pas le temps d'en rire. Une autre patiente, suicidaire et alcoolique, hospitalisée aux lits-portes, demande sa sortie. Cadre supérieur dans une banque, elle a tout perdu (sauf son mari, celle-là) et veut partir : elle a rendez-vous demain dans « une grosse SS de Zi.

– Comment ?

– Une grosse société d'informatique. »
Aujourd'hui, je comprends tout de travers.

Le silence des ados

L'adolescence ferait du bruit. Peut-être quelques faits divers et les meutes de jeunes qui crient la haine dans leurs cités « ghettos ». Mais la plupart du temps, ils souffrent en silence : seuls ou agglutinés, enfumés ou scotchés à leur écran informatique. Ces loups solitaires errent sur le Net ou dans les rues des villes, au coin d'un carrefour de banlieue, regardant clignoter dans le froid les guirlandes bleues des postes de télévision. Ils veulent du vrai, des êtres humains, des aventures. En face d'eux, le mou caractérise l'époque, et les panthères (noires ou blanches) se sont transformées en chats dociles. Alors il faut chercher la vie dans cet univers aseptisé. Bourgeois n'est plus le mot. Moldus conviendrait beaucoup mieux, comme dans *Harry Potter*, pour désigner tous ceux qui n'ont plus la magie. Une espèce d'uniformité de la médiocrité : la vie triomphe de l'imposture, « au ras des pâquerettes et qu'aucune tête ne dépasse ». L'immigration amène sa jeunesse, une vision du monde moins laminée et quelques rites « barbares ». Mais aussi des conflits qui refont surface dans le bouillon des banlieues. Ainsi les non-dits de l'Algérie.

Cela fermente pendant des années et traverse les générations de ses flèches empoisonnées.

Soudain les jeunes cassent la vitrine, les fauves se sauvent et crient leur désarroi. Certains recherchent l'ivresse dans l'alcool ou le haschisch, dans les conduites à risques, dans la violence, butent sur le néant et se retrouvent aux urgences ou en prison. D'autres cherchent dans l'art ou la politique une échappée, un espace de liberté, de jeu, de réflexion. Dans tous les cas, rien n'est là pour jalonner ce parcours vers l'âge adulte. Aucun rite, aucun repère : chacun pour soi et Dieu, qui a disparu, pour tous.

On réinvente, maladroitement certes, mais on s'y essaye. Certains se convertissent à l'islam[1], d'autres revisitent la Bible ou s'aventurent à l'autre bout du monde. Comprendre le pourquoi des hommes, leurs habitudes, leur lassitude, leurs chants et leurs éclats. Ouvrir les yeux sur le spectacle du monde avant de s'essayer à y vivre. La vie qu'on s'est imaginée enfant va-t-elle tenir ses promesses ? Visiblement non. Ce n'est pas facile de rêver sa vie puis de réaliser ses rêves, quand les hommes s'acharnent à les dissoudre.

Alors on cristallise sa révolte et, d'un pas chaloupé, on s'enfonce dans les sables mouvants du réel. Silencieux, le rebelle prend une allure désinvolte et marche aux confins de ses idéaux.

---

1. Se laissant parfois entraîner par le courant islamiste.

Parfois, il bascule dans la réalité mais garde dans sa poche la manette de Playstation, pour ne pas oublier qu'il n'y a pas si longtemps il maîtrisait encore le jeu.

Je pense à ce mirage que représentait le Festival au Désert, organisé par quelques utopistes à l'aube de l'an 2000 pour soutenir les Touaregs et l'idée même du nomadisme sur terre [1]. Images d'hommes bleus qui résistent aux intempéries mais qui ne peuvent se battre contre la folie des hommes : on n'aime pas la liberté de ceux qui se nomment les Princes du Désert. On empoisonne leurs puits, on les sédentarise, on les banalise. Assignés à résidence après des millénaires de navigation « à l'étoile » dans l'immensité d'un paysage minéral où même l'histoire des hommes et des végétaux est fossilisée. Réel des armes de la rébellion échangées pour l'instant contre des guitares. Leurs descendants armeront les banlieues guerrières. Nomades par essence, les jeunes vivent de cape et d'épée. Seigneurs de la vie, du désert des villes, ils sortent leurs canifs pour aiguiser les pointes de flèches qu'ils décochent aux adultes, témoins de leur préhistoire.

1. Avec le groupe Lo'Jo à Tinnesako, et les organisateurs du festival d'artistes de rue de Chalon-sur-Saône, dans le nord du Mali, pour la première pleine lune du XXIe siècle, en janvier 2001.

Certains endroits, comme l'Inde ou le désert, nous font toucher quelque chose de fondamental, de profond ; quelque chose de l'homme, de la nature, de l'essentiel. Ces endroits nous appellent, nous retiennent. On s'y sent soudain chez soi et on pense pouvoir y rester pour l'éternité. Puis on repart, et toujours on rêve d'y revenir : ça vous tient la vie entière, comme un lien de parenté, avec l'infini des choses, l'infini du monde. Il y a dans les rencontres avec les gens des moments de la même intensité. On ne sait ni comment ni pourquoi, mais au plus profond d'eux-mêmes une harmonique vibre, un écho souterrain répond. On ravive les braises d'une raison de vivre, de se battre, de continuer. On suit le cours de sa vie, on poursuit. On accepte, on évolue et le soleil revient. Magie de la rencontre.

Un jeune et sa mère : « Docteur... – Oui, cinq minutes, j'arrive ! » D'abord, trouver un bureau. Squatter celui du chef de service des urgences. « Voilà, mon fils a vingt ans, il pleure et croit que tout le monde lui en veut, qu'il est nul. Ça s'est aggravé depuis la séparation d'avec sa copine [1]. » Le jeune homme, les yeux rouges, écoute en silence. « Il ne dort plus, n'assure

1. Le jour de la Saint-Valentin !

plus. » « Un petit cône[1] le soir, et hop ! pour la nuit », précise-t-il d'une voix monocorde. « Il est hanté par l'idée du suicide, reprend sa mère. Moi aussi, j'ai eu des problèmes à l'âge de dix-huit ans. J'avais fugué : des conflits avec mes parents. On m'a forcée à voir un psychiatre, ça s'est bien passé. La deuxième fois, c'est à la mort de ma mère. Elle s'est pendue après le départ de mon père. Ça a été dur, très dur. Alors j'ai pensé que mon fils, cela ne pouvait pas lui faire de mal de voir quelqu'un. » Soudain des effluves d'éther : c'est le patient des lits-porte, celui qui a essayé de s'étouffer avec un sac plastique (encore un) et de l'éther. Il passe guilleret, car il a réussi à glaner sa sortie vu le manque de lits à l'hôpital. Le bureau est enfin libre, la mère me présente le carnet de santé de son fils. « Non, pas besoin, il est grand maintenant. » Besoin de parler d'elle, de son adolescence au travers de ce fils-symptôme qui ne comprend pas trop ce qui l'agite. « Que le temps passe vite ! J'ai l'impression qu'il vient de naître. » Et lui qui tend les oreilles vers sa petite enfance...

1. Un joint d'herbe.

La bulle du pétard

Première semaine du XXIe siècle : ambiance *2001 l'odyssée de l'espace*. Soit trois jeunes du même âge, x, y, z ; qui ont pris du haschisch : h. Nous allons voir comment l'équation $(x + h) \neq (y + h) \neq (z + h)$ révèle des symptômes de natures différentes.

X a fumé un pétard pour le Nouvel An avec des amis : soit (x + h) = « Impression d'avoir décollé, d'être hors de la réalité, hors de lui-même et de ne pas pouvoir revenir sur terre. » Angoisses. Son père vient le chercher à la fin de la consultation pour le ramener dans la galaxie familiale. Il ne se rend pas compte que son fils est un « Jedi » qui a perdu le contrôle de son aéronef. Je lui donne rendez-vous dans une semaine avec un traitement qui doit l'aider à se poser. Il mettra cependant plusieurs mois à redescendre.

Voici Jean, vingt-quatre ans. Une croix rouge au niveau de chacun des poignets après une tentative de suicide par phlébotomie. Placide, le regard baissé, il explique, accompagné de sa mère, que « ça va mal à la maison : c'est le petit frère de vingt-deux ans, y, qui "fout la merde". » Étudiant, il triple sa première année d'architecture. « Ça déconne depuis des années, mais à la rentrée de septembre ça s'est compliqué. » Sa mère a même porté une main courante contre lui, car il l'avait « bousculée contre le chambranle de la porte, puis pris une masse pour aller broyer la tondeuse dans le jardin ». Il faut dire pour sa défense qu'elle venait de lui détruire la récolte de cannabis, qui s'annonçait plutôt bonne. Soit donc (y + h) = la mère est isolée avec ses deux garçons depuis le décès du père, dix ans auparavant, d'un cancer. J'hospitalise l'aîné et les revoie deux jours plus tard avec y, le cadet, qui se retrouve vite en situation d'accusé. « Tu ne voulais pas de moi, je n'ai même pas de chambre, et tu mets mon linge sale à part... » plaide-t-il. La mère : « C'est vrai, je ne voulais pas d'enfant, mais on dit ça au début. Moi, j'étais la dernière de vieux parents qui ne m'attendaient pas, j'en ai souffert. » Le fils, les larmes aux yeux : « C'est pas une raison pour me faire souffrir moi aussi et me dire ça après le décès de papa. T'as pas honte ? »...

Je finis la journée avec une Irlandaise qui m'explique que son fils, z, a tout cassé le jour de Noël, après avoir empilé pêle-mêle : frigo, télévision et aspirateur. « Il fume du haschisch. » Soit (z + h) = « Cela ne me dérange pas, mais je crois qu'il est psychotique, car après il écoute l'aspirateur... Son père fume avec lui et même le fournit... Je n'ai rien contre, mais enfin c'est bizarre, non, d'écouter l'aspirateur... et parfois le sèche-cheveux ! » Je les ai vus un mois plus tard, pour la galette des rois. Le fils avait de nouveau tout cassé chez lui. Pompiers, urgences, hôpital psychiatrique : délire mal systématisé où s'enchevêtrent racistes, extraterrestres et ordres donnés par la télévision.

On voit par ces trois exemples ce que le symptôme « h » peut cacher : une « simple » problématique familiale dans le cas de y : (y + h) = demande du jeune de ne pas se retrouver dans la projection du mal-être de sa mère, elle-même enfant non désirée. Cette souffrance passe une génération ; cependant, il ne faut pas couper l'herbe sous le pied au petit dernier : y. Quant au frère y', Jean, qui joue le rôle du père et prend sa place (raisonnable, posé), c'est lui qui fait le « fusible » de la famille quand cela « chauffe » trop.

Dans le premier cas (x + h), un simple joint peut être à l'origine d'une décompensation psychotique aiguë. Il ne faut donc pas trop banaliser la « fumette », ce qui est la tendance actuelle tout en étant en inadéquation avec la loi française [1]. La drogue fait parfois écran, prétexte à la symptomatologie délirante, comme le montre le troisième exemple (z + h) = un jeune psychotique qui s'enfonce depuis des années dans un délire derrière son écran de fumée.

---

1. La loi de 1970 criminalise l'usage et la détention de cannabis.

Parler d'adolescence, c'est parler de soi, de ce que l'on croit avoir enfoui et qui parfois fait retour de manière fugace à certains détours de la vie : angoisses, courts-circuits, éclairs, conflits de génération. Nous revoilà au point de départ : « Je ne ferai jamais comme mes parents. Cette vie, leur vie : jamais ! » Belle promesse de nos adolescences. « Jamais je ne me lèverai avant qu'il ne fasse jour... » Et te voilà, les matins d'hiver, avec le serpent lumineux des voitures sur l'autoroute à la place des guirlandes d'idées de tes rêves d'enfant... S'accrocher aux rêves, s'accrocher à la réalité, s'accrocher tout court à la vie. Et bientôt ton enfant qui ne comprend pas pourquoi il va à l'école plutôt que d'aller pêcher avec son père, qui n'a plus le temps. Pourquoi ne pas le prendre, ce temps, et le sentir s'écouler, simplement ?

Courir ? Parce que les autres courent ! Est-ce une raison suffisante ? Et l'enfant qui est en toi ? Et l'adolescent qui ne lâche pas prise ? OK, j'arrête, je fais la pause, je me pose. À l'adolescence, tes propres enfants te reprocheront ta petite vie rythmée, tes horaires, tes habitudes de vieux, déjà...

À quel âge devient-on adulte ? Pas à dix-huit ans. Alors on cherche des interstices. On se bat pour éviter que certains fassent disparaître les virgules, ces respirations du langage « qui ne servent à rien et prennent du temps ». Virgules, points-virgules, parenthèses, guillemets : « trop mondains ». Supprimer la ponctuation, tel semble être le *credo* du XXIe siècle naissant. On parle des 35 heures, du temps libre, de vacances, mais pas de « vacance ». Laminage des modes de vie, mondialisation du quotidien. Arrêter le temps, se reposer, seul ou en groupe, comme dans les raves, ces moments d'extase collective. S'extraire de la masse, du courant continu, plonger dans le grand bleu. Au plus profond, pour ne plus entendre le brouhaha des hommes, pour fuir le grand blanc de la télévision. Fumer, se saouler de drogues ou de vitesse. Sentir palpiter l'essentiel au-delà du temps. Capter le sourire d'un enfant. Ne pas passer à côté de cette époque de la vie qui glisse dans la porosité des journées uniformisées. Savoir être dans le train des éclairs de lucidité qui parfois agitent un groupe d'humains disant : « Non, stop, arrêt sur image... » Alors le temps d'une cigarette ou d'un café, volé sur l'éternité ? Non, volé à la communauté. Regard du collectif sur l'intime des « interstices », les interdire : autoculpabilisation : « fumer tue », il va falloir trouver une autre excuse pour s'arrêter. Remplir l'interstice : le tout-plein, le trop-plein. Alors, par moments, tout revient en vrac, déborde comme une casserole de nouilles sur le feu. Urgence, ça craque, ça casse... Quelques tablettes de comprimés, un peu d'alcool pour oublier... L'hôpital. Parenthèse hors temps, pause sur la rive de la vie, brouillard.

Médecin en blanc qui n'a pas de temps à perdre. Appel du psy. Une fois, deux fois. « Ils prennent un peu trop leur temps, ceux-là. » Patienter : enfin quelque chose de sensé, attendre et regarder le monde s'agiter autour de soi. Rappel de la réalité : pas de lit. Comment ça, pas de lit ? Revenez demain... « Tous ces lits à l'hôpital, ça me donne envie de dormir », me confiait l'autre matin une visiteuse médicale.

Une rencontre peut changer une destinée

C'est sur cette hypothèse que repose ma pratique : un entretien, une simple rencontre peuvent faire changer les choses et ainsi permettre à des personnes en crise de passer sans « casse » au travers des épreuves de la vie. Il ne faut cependant pas sous-estimer la fréquence de réels tableaux psychiatriques, ne pas ignorer une mélancolie avec le risque suicidaire qui s'y attache. Mais il ne faut pas non plus aller dans l'excès inverse et psychiatriser tous les tableaux d'allure dépressive. Un travail de deuil ne peut se faire sans larmes, qu'il s'agisse du décès d'un proche (la mort de cette part de nous qui est dans l'autre et disparaît avec lui), d'une séparation ou de la perte d'un emploi.

Aujourd'hui, la consultation commence avec un patient délirant qui veut absolument nous montrer comment il peut, par télépathie, faire avancer les aiguilles d'une montre de cinq minutes. Elle se poursuit avec une jeune fille qui a fait une tentative de suicide avec des antalgiques qu'elle prend car ses parents n'arrêtent pas de se disputer, ce qui lui déclenche des maux de tête. On la gardera quelques jours. J'enchaîne avec une Pondichérienne qui vient de passer un mois chez sa famille en Inde et qui, depuis deux jours, a perdu la voix. Elle chuchote que son père est mort aphasique quelques années plus tôt, à la suite d'un accident vasculaire cérébral. C'est son anniversaire de naissance le surlendemain... Le patient suivant me dit en hurlant et en se cognant la tête avec ses poings qu'il n'arrive pas à parler et que « c'est une vraie torture ». Quant à la jeune Marie-Catherine, que je file voir en chirurgie où elle est hospitalisée, elle s'est défenestrée après un conflit avec ses parents, laissant derrière elle une lettre où elle explique ne pas vouloir mourir mais rester quelque temps dans le coma pour... réfléchir ! Elle s'en sort avec seulement une jambe cassée. « C'était un beau bébé qui faisait ses nuits, me dit sa mère en pleurant. Elle ne nous dérangeait jamais. Et jusque-là elle ne posait aucun problème. »

Encore une bonne journée qui s'annonce...

La parenthèse de l'hôpital

Les adolescents, c'est-à-dire des sujets âgés de quinze à vingt-cinq, voire trente ans, viennent à l'hôpital général pour différents motifs : tentatives de suicide, troubles psychiatriques atypiques, mais aussi douleurs et diverses somatisations. Dans tous les cas, quelques jours d'observation sont à conseiller, pour « débroussailler le terrain » et voir ce qui se cache derrière le symptôme. Quant aux troubles psychiatriques, même les plus spectaculaires (ceux d'allure mélancolique ou les bouffées délirantes aiguës), ils régressent le plus souvent rapidement, ce qui nous interroge sur une « étiquette » diagnostique trop précoce. Face à une tentative de suicide, il faut toujours expliquer la gravité de ce « passage à l'acte » et rencontrer la famille. La plupart du temps, l'adolescent est déjà venu consulter les semaines précédentes pour des symptômes qui n'ont pas été pris en compte. Il s'agit donc d'être là et de savoir écouter au bon moment (parfois un ou deux entretiens suffisent).

S'il y a un tel investissement transférentiel lors de ces entretiens, c'est qu'il y a du sujet et non de l'institution. L'adolescent s'adresse au système pour y chercher de l'humain. Il ne veut pas être compris, il veut simplement un adulte en face de lui qui lui renvoie du réel dans ce moment virtuel qu'est l'adolescence. S'il ne rencontre qu'une « masse informe » retranchée derrière le médico-légal, l'administratif, le savoir somatique, psychiatrique ou psychanalytique, le « clash » se produit : passage à l'acte, fugue, etc.

Les adolescents n'acceptent pas les fausses réponses, les fausses solutions. Ils sont dans un entre-deux, un « entre-temps », et ne se sentent pas vraiment réels. Ils veulent du concret. On pourra toujours créer des centres « spécialisés » pour adolescents, ils continueront de venir dans ces lieux de proximité et d'urgence que sont les hôpitaux généraux.

La plupart du temps, on peut désamorcer un processus pathologique qui se met en marche, car nous sommes alors au tout début des troubles... Mais il faut donner lors de cette rencontre le meilleur de nous-mêmes, faire vibrer l'authentique en nous : sonner juste et « raisonner » avec l'harmonique de notre propre adolescence, savoir écouter mais aussi agir : faire « bouger la vie ». La leur et celle de l'entourage. À une demande floue, la réponse doit être claire : un temps d'hospitalisation. Le temps est le seul remède à l'adolescence. Alors on leur en fournit, voire on leur en prescrit. Même si cette période de la vie n'est pas pathologique, c'est tout de même un moment dangereux. En cherchant à se prouver qu'ils sont humains, donc mortels, les adolescents peuvent y laisser leur vie.

Lieu de la naissance, mais aussi de la maladie et de la mort, l'hôpital général prend parfois des allures mystérieuses, avec ses rituels, ses prêtres, sa religion (scientifique) et ses malades. Et s'il est un endroit où les adolescents aiment traîner (en dehors des cimetières et des maisons abandonnées), c'est bien dans les couloirs de l'hôpital, où règne le mystère de la mort. Il faut du temps pour accepter de faire le deuil de l'enfance, mais aussi pour accepter sa propre finitude. C'est en ce sens que la fin de l'adolescence est marquée par la perte du sentiment d'éternité.

Les adolescents sont souvent hospitalisés à la suite d'une tentative de suicide, mais ils viennent aussi pour des tableaux d'allure délirante ou des motifs somatiques. Les internes ne doivent pas hésiter à les garder afin de transformer en expérience ce qui n'était qu'un acte sans élaboration possible. Ils restent ainsi en moyenne une semaine, parfois plus s'ils sont bien tolérés dans les services de médecine.

La demande des jeunes connaît trois temps : l'avertissement, le passage à l'acte et l'élaboration psychique. L'avertissement se présente souvent sous la forme d'une consultation « appel à l'aide d'allure anodine » chez le médecin généraliste, à l'infirmerie du lycée ou aux urgences, pour des problèmes « somatiques » (vertiges, malaises, douleurs...). Dans le passage à l'acte proprement dit, l'adolescent est généralement amené par sa famille aux urgences. Voulant sortir rapidement, il ne reste qu'un ou deux jours hospitalisé. Un rendez-vous lui est alors fixé à court terme. Troisième temps, celui de l'élaboration psychique : l'adolescent revient quelques jours plus tard en demandant à être de nouveau hospitalisé. L'argument avancé est l'envie de faire une pause en dehors de la famille.

Au cours de ce séjour, presque systématiquement, la symptomatologie disparaît très vite. Au bout de deux ou trois jours, le patient mélancolique va bien, circule dans les étages et n'a pas eu besoin de traitement alors que l'on aurait pu envisager aux urgences un séjour en hôpital psychiatrique. Il est donc fondamental de ne pas « étiqueter » les patients avec des diagnostics posés trop rapidement, et surtout d'avoir des places disponibles pour les jeunes dans le cadre de la prévention du suicide : quand le patient a une place, il va déjà beaucoup mieux (et le psychiatre aussi). On prend du temps pour l'entretien plutôt que de chercher un lit pendant des heures. Cette possibilité de se poser suffit à rassurer le patient. Une hospitalisation trop courte est, en général, insuffisante. Une « ouverture » doit être ménagée afin de permettre à l'adolescent de revenir de lui-même.

À la suite de ces séjours, outre la disparition des symptômes, on constate des remaniements psychiques importants, mais aussi des changements d'orientation (arrêt des études, reprise dans une autre branche), des réaménagements familiaux (le jeune quitte ses parents, par exemple), des changements de personnalité, de « look » (il s'exprime plus facilement, a moins peur du regard des autres et est mieux dans sa peau). L'hospitalisation lui donne la parole (en le séparant de sa famille, mais aussi en lui permettant de rencontrer ses proches, de leur parler et d'être entendu). Elle authentifie l'acte suicidaire et le met en mots autrement que par : « cette bêtise ». Nous parlons vraiment de la tentative de suicide et du risque de mort qui s'y rattache. Le temps passé à l'hôpital évite la banalisation et inscrit dans l'histoire familiale ce moment de crise.

Sophie, dix-neuf ans, est hospitalisée pour une tentative de suicide. Elle a avalé des médicaments dans la maison de retraite où elle habite et dont sa mère (ex-infirmière) est directrice. Lors du premier entretien, Sophie est triste, ralentie, répond évasivement aux questions. Elle s'arrête au milieu des phrases et rit sans raison. Dépressive depuis plusieurs mois, elle se sent vide, perdue, et pense à la mort. Étudiante en première année de médecine, elle se sent incapable de suivre les cours et aimerait « tout arrêter » pour faire des études d'architecture d'intérieur. Elle sort deux jours plus tard, à la demande de sa mère, mais nous lui laissons la possibilité de se faire réhospitaliser si nécessaire.

Au bout de quelques jours, Sophie téléphone en pleurs. Accompagnée de sa tante « maternelle », elle demande un « espace pour souffler » et restera trois semaines à l'hôpital malgré les réticences de sa mère qui croit à un complot monté contre elle par l'ex-mari. Lors de sa première hospitalisation, en effet, Sophie a recontacté son père, qu'elle n'avait pas revu depuis le divorce, sept ans plus tôt. La mère s'estime trahie et refuse pendant un temps de voir sa fille. Elle lui coupe les vivres et reprend l'appartement qu'elle lui avait aménagé dans la maison de retraite que Sophie et son père appellent « la forteresse ». Autour de cette « forteresse » s'organise la famille : la mère, surnommée la « Directrice » (« elle me parle comme à son personnel : un coup elle les materne, un coup elle les engueule, elle mélange tout ») ; le père, propriétaire et architecte de la maison de retraite, qui « encaisse les loyers mais n'a jamais payé la pension alimentaire » ; le beau-père, entrepreneur ayant construit cette maison de retraite et chez qui Sophie vivait jusque-là avec sa sœur de quatorze ans et son demi-frère de deux ans et demi qu'elle « ne supporte pas ».

La demande de Sophie, après une semaine d'hospitalisation, est d'aller vivre dans un endroit neutre. Le père serait prêt à payer le logement et les études, mais Sophie ne sait pas comment l'annoncer à sa mère. Cela fait « remonter de vieilles rancunes » qui datent du divorce, mais Sophie retrouve le sourire, se sent forte dans sa chambre et ne cède pas aux différents chantages parentaux. La mère refuse dans un premier temps de rencontrer son ex-mari. Elle se montre agressive avec Sophie, mais aussi avec l'équipe soignante, et semble à la limite de la persécution. Sophie est ravie : « Vous la voyez sous son vrai jour, vous comprenez pourquoi j'étouffe. » On la « convoque » sans trop y croire avec le père le jour de la sortie, afin de préciser le contrat oral que nous avons passé ensemble. La réunion à trois se déroule cependant dans le calme et se poursuivra après l'entretien dans la chambre de Sophie.

J'ai revu Sophie au centre médico-psychologique. La première fois, je ne l'ai pas reconnue et l'ai prise pour une représentante de laboratoire pharmaceutique ! Elle vit dans son appartement à Paris et s'est inscrite pour suivre un cursus artistique. Comme c'est souvent le cas avec les patients de son âge, elle cessera bientôt de venir me voir, l'accompagnement de ce moment de crise « atypique » étant terminé.

L'hôpital, terre de rencontres

Au cours de son hospitalisation, l'adolescent fait de nombreuses rencontres. Tout d'abord, l'équipe médicale (médecins, infirmières) qui donne un cadre, des règles, et prend en charge dans un premier temps le corps (bilan somatique, perfusion) avant de considérer le problème dans sa globalité. Ensuite, l'équipe de psychiatrie, qui sert de « médiatrice » entre l'adolescent, sa famille et l'univers hospitalier : décentrée par rapport à la culture « psy » dans ce monde médical, comme les adolescents le sont par rapport à leur propre culture familiale. Cela permet l'émergence du sujet et d'une parole hors institution. Nous passons ensemble un contrat oral, souple mais précis. On invente au jour le jour avec eux, dans une sorte d'aventure commune. Enfin, notons l'importance des liens tissés avec les aides-soignantes ou les femmes de ménage dans les différents services. Il est fréquent que l'adolescent leur écrive après la sortie, prouvant ainsi l'inadéquation du terme de « techniciens de surface » qu'on leur accole depuis quelques années : c'est justement parce qu'ils ne sont pas pris dans la technique que les adolescents recherchent leur écoute sans prétention. Ils déposent parfois auprès d'eux une parole qui nous échappe et c'est tant mieux...

Les rencontres informelles entre les jeunes et les « vrais malades » (organiques) ou les autres adolescents hospitalisés sont également à prendre en compte. Il faut parfois limiter les visites des amis et de la famille (père, mère, grands-parents, oncles, tantes), et ne pas hésiter à les rencontrer en leur présence. Cette hospitalisation qui coûte de l'argent, comme le rappellent souvent les somaticiens, valide ce mal-être.

La tentative de suicide comme rite initiatique

Les effets de l'hospitalisation, les différentes modalités de celle-ci, voire les passages à l'acte (une jeune fille, hôtesse d'accueil, s'est par exemple scarifié le visage d'une cinquantaine de coups de rasoir), témoignent de la valeur initiatique du passage à l'hôpital général.

Emmanuel est hospitalisé à la suite d'une tentative de suicide médicamenteuse, quelques jours avant ses dix-huit ans. C'est sa deuxième tentative de suicide dans un contexte dépressif évoluant depuis le bac de français, cinq mois plus tôt. Lors des premiers entretiens, il est triste et regrette de s'être « raté » : « Ça fait longtemps que je réfléchis, je me suis dit que c'était la meilleure solution et j'ai fait ce que j'avais à faire... » Insomniaque, il se décrit comme fou : « La nuit, je me parle tout seul, je raconte ma vie à un interlocuteur imaginaire. » Au bout de quelques jours, il semble aller mieux et veut reprendre au plus vite le lycée (il est en terminale). Une semaine plus tard, il retourne chez ses parents. Nous convenons de nous revoir dans quinze jours au centre médico-psychologique.

Peu avant notre rendez-vous, Emmanuel est réhospitalisé : il vient de casser à coups de hache « tout ce qu'il aimait » dans sa chambre. Auparavant il s'est peint le visage : un côté en rouge, l'autre en blanc. « Cela symbolisait, disait-il, les deux personnages que j'ai en moi : l'un positif me tirant vers la vie, l'autre négatif vers la mort. » Il s'est également lacéré la peau des cuisses avant de reprendre des médicaments. Le lendemain, dans le service de médecine, il essaie de se couper les veines avec un morceau d'un miroir qu'il a brisé. Pendant l'entretien, Emmanuel est calme, banalise son geste et accepte un transfert en psychiatrie.

Les parents s'inquiètent d'un dédoublement de personnalité dont il ne parlera que bien plus tard. « Il dit s'appeler Max et rejoindre une femme dans son ordinateur. » Emmanuel ne veut qu'une chose : « Trouver un endroit où se réfugier en cas de faiblesse. » Il est heureux de constater que ses amis et sa famille l'entourent : « Je me sentais jusque-là rejeté, abandonné. » À sa sortie de clinique, il est de nouveau hospitalisé suite à une autre tentative de suicide médicamenteuse. À la fin de ce séjour, il se fait percer l'oreille et déclare : « Cette expérience m'a rendu fort, je sais maintenant que je veux vivre. Quand on parle de suicide au lycée, je sais de quoi je parle. Vous connaissez le film *Le Cercle des poètes disparus* ? » Il rate une première fois son bac malgré des révisions assidues. L'année suivante, il rencontre sa petite amie actuelle et réussit son examen. Je l'ai vu régulièrement pendant trois ans. Le traitement qu'il suivait a été arrêté un an après sa première hospitalisation. Il n'a plus jamais présenté de troubles et poursuit des études de mathématiques à l'université.

*

Comparée aux sociétés traditionnelles, qui balisent par des rituels initiatiques le chemin que l'adolescent doit parcourir, notre culture offre peu de repères. Il faut inventer (et pas seulement à l'adolescence). C'est douloureux, sûrement créatif, mais parfois dangereux : risque, pour le sujet, de s'égarer sur des chemins sans issue ; et risque, pour la culture, de se perdre entre deux générations. De fait, beaucoup d'adolescents viennent chercher plus ou moins consciemment l'*hospitalité* : ils se réfugient dans les bois sacrés de l'hôpital général, qui peut fonctionner comme un lieu initiatique parmi d'autres dans la cité ou la « jungle » des banlieues. On trouve là de nombreuses analogies avec le déroulement en trois étapes (séparation, réclusion, renaissance) des épreuves initiatiques traditionnelles.

Première étape, donc, la *séparation* d'avec le milieu familial, l'exil : arrachement plus ou moins théâtralisé de l'adolescent que chacun sait promis à la souffrance et au risque de mort. Dans certains rites africains, les mères s'accrochent à leurs enfants emmenés dans le bois sacré (moment souvent comparé à un deuxième sevrage). Aux urgences, on retrouve ce côté théâtral de l'arrachement familial : l'adolescent pénètre dans un monde adulte sans les parents qui restent à la porte de l'hôpital, angoissés.

La *réclusion* est le deuxième temps des rituels initiatiques. Elle a lieu dans un endroit particulier qui peut évoquer la naissance, mais aussi la mort : l'hôpital, dans notre culture, est le lieu où généralement l'on naît et où souvent l'on meurt. Cette proximité de la mort – symbolique ou réelle – fait partie de l'initiation de l'adolescent : il meurt à la vie familiale et renaît à la vie sociale. Cette première prise d'autonomie est jalonnée d'épreuves. Tout d'abord physiques : lavage gastrique [1], examens divers, prises de sang, parfois interventions sur le corps (sutures en cas de phlébotomie ou de scarifications). Mais aussi morales : confrontation au regard des autres ; aux équipes, aux malades et à la mort. Ces épreuves, l'adolescent les affronte seul, mais il est souvent soutenu par le groupe d'adolescents qui ne tarde pas à se constituer autour de lui. L'hôpital est également un lieu maternant, ou du moins qui favorise la régression. Par ailleurs, c'est un lieu très ritualisé, une sorte de temple avec ses grands prêtres habillés de blanc,

1. Dans la plupart des hôpitaux, il n'est plus pratiqué depuis plusieurs années. Remplacé par du charbon, il n'a plus cette valeur expiatoire et vengeresse qui s'exerçait sur ces mauvais sujets qui avaient tenté de mettre fin à leurs jours.

le néophyte étant nu ou en pyjama et le « psy » en civil.

Le troisième temps est celui de la *renaissance*, de la transformation qui voit émerger le jeune adulte. C'est souvent la première consultation sans les parents : on s'adresse au jeune en tant qu'individu et éventuellement aux parents si le patient le souhaite. (Depuis que j'exerce, seule une adolescente a refusé de voir ses parents. J'ai accédé malgré tout à sa demande, il se trouve que la jeune fille était adoptée.)

Si les adolescents viennent nous rencontrer à l'hôpital, ce n'est pas pour y être soignés : l'adolescence n'est pas une maladie (même si on en meurt dans des pourcentages non négligeables [1]). Il ne faut pas chercher à y porter remède : il suffit d'être là, disponible, et de leur faire une place... Si l'hôpital sert parfois de substitut initiatique, l'adolescent, porteur de vérité avant la compromission avec les autres, nous interroge sur les manques de notre culture, qui laisse les individus sans repères aux moments cruciaux de la vie que sont l'adolescence, la mort et la naissance (la parentalité). Par un étrange hasard géographique, mon bureau de consultation se trouvait à la croisée de ces chemins, coincé entre la réanimation à gauche (là où l'on meurt le plus

1. Le suicide représente 30 % de la mortalité étudiante. Il est la troisième cause des décès des adolescents (*Bulletin de l'ordre des médecins*, février 1994).

souvent à l'hôpital), la consultation de gynécologie avec le défilé de femmes enceintes à droite, et la maternité juste au-dessus ; sans oublier, adjacent, le local à poubelles !

Vendetta

> « Je m'appelle Kiss. Cela veut dire "embrasser". Avant, je ne le savais pas. » (Un jeune mineur violeur).

S'il existe des jours à thème, il y a aussi des semaines à thème. La semaine dernière, c'était la violence : rackets, guet-apens, viols et, pour finir, une pièce dans un petit théâtre de la ville voisine. Sur la violence. Non pas celle de M6 ou des cités, mais celle de *Colomba*, au XIXe siècle, en Corse, d'après Prosper Mérimée. La *vendetta*, nous n'en sommes pas si loin, au pied de nos immeubles. Les injustices qui grandissent, ces violences faites et subies de plus en plus jeunes, non punies, non sanctionnées. Cette mentalité mafieuse qui s'étend en tache d'huile s'alimente de l'obsession de la vengeance qui caractérisait, au XIXe siècle, la « sauvagerie corse ». Île sauvage, lieu clos où les haines tournent en rond, comme les aiguilles d'une montre, et se donnent rendez-vous à la génération d'après. Dans les cités, même chose : des clans, des groupes, et des haines sur lesquelles on s'étaye pendant des années. Vengeance inconsciente de faillites parentales, de guerres non digérées qui font retour de flammes dans les cages d'escalier. Vengeances solitaires, mais surtout vengeances de groupe, représailles, racket.

Ainsi ce jeune de seize ans, Gilles, adressé aux urgences après une crise de violence au collège. Il est là, dans un box, avec l'éducatrice, une petite blonde d'une vingtaine d'années. Lui est noir ébène, la tête basse. On se présente, il écoute, puis relève la tête. Il n'est pas comme beaucoup d'autres jeunes de banlieue : électriques, tendus, évitant le regard. Lui est tout tendre, tout doux, tout calme. Violent ? Difficile à imaginer, tant il a des vibrations de nounours.

Arrivé il y a quelques années du Congo, il refuse les règles de la violence, du racket. Il vient d'emménager dans une nouvelle ville et de changer de collège. « Il se la joue », lui reprochent les jeunes. « Ce serait simple pour moi si je faisais alliance avec eux. On rackette les plus jeunes et ils me laissent tranquille ; mais moi je ne veux pas, je résiste.... Alors, ils m'ont tendu un piège et me sont tombés dessus à dix. Je leur ai dit que j'allais porter plainte. Un petit m'a supplié de ne pas le faire : sinon, il retournait au bled. J'ai fait constater les hématomes par un médecin, c'est tout. Mais après, je me suis vengé : un par un. Lorsqu'ils sont seuls, ils n'en mènent pas large. J'ai donné un coup à l'un, qui a porté plainte. C'est le monde à l'envers ! On m'agresse et c'est moi le coupable... Aujourd'hui, ce qui a tout déclenché, c'est un cours sur les neurones en sciences nat'. Le prof nous a dit qu'on utilisait à peine dix pour cent de notre potentiel. Moi j'ai dit que souvent j'en utilisais encore moins. Ça lui a pas plu, au caïd de la classe. Il s'est moqué : Rigolez, a-t-il ordonné. Ils ont tous rit. Ça m'a énervé, je lui ai donné un coup de boule. On a eu chacun trois jours d'inclusion. Exclus des cours, mais on reste dans le collège ! ».

Je les imagine figés dans leur bloc de résine... « Ils me traitent de "baltringue", poursuit-il. C'est un peu comme "bouffon". C'est parce que je ne veux pas rentrer dans leur jeu. La violence, c'est à la mode chez les jeunes, en ce moment. » Il émane de lui une force tranquille. Pourtant, il n'en dort plus, de cette histoire, et parfois en pleure. Il a peur, mais refuse de porter plainte, à cause des représailles. Je l'encourage néanmoins à le faire, lui donne rendez-vous pour dans quelques jours et lui suggère de revenir à l'hôpital en cas de problème. Les éducateurs essaient de le faire fléchir : « Laisse couler, ne leur répond pas. » Et lui : « Je ne vois pas pourquoi je baisserais les yeux et ferais alliance avec eux pour agresser les autres. » Ne pas lâcher, se construire sur cette idée de représailles, de vengeance. Cela résonne comme en Corse à la grande époque. Il va falloir un siècle pour calmer tout ça.

Et cette jeune fille violée pour la troisième fois par un groupe de jeunes : Colomba moderne, je l'appellerai Vendetta. Âgée de dix-sept ans, elle vient accompagnée par la psychologue du foyer. Elle a été violée ce week-end par sept garçons sous la menace d'une arme à feu, dans la cité où elle vit chez ses parents. Cela fait écho à deux autres viols : un premier, deux ans auparavant, dans une cage d'escalier. À l'époque, elle n'en avait pas parlé. Ce n'est qu'un an plus tard, après avoir été hospitalisée pour une tentative de suicide, qu'elle a porté plainte. Les violeurs ont été incarcérés, mais doivent sortir bientôt. Cependant, il y a eu des représailles. Elle a été frappée par des amis de ses agresseurs, puis « scalpée » et « violée » : elle a reçu des coups de cutter sur la joue gauche pour la punir, puis a été abandonnée, inconsciente, dans la cage d'escalier. Suite à ces problèmes, la famille a décidé de déménager en banlieue.

Ce week-end, Vendetta explique qu'en réalité elle s'est laissé faire. Elle était chez ses parents et elle est descendue provoquer ces jeunes. Elle a pris les devants pour « éviter » d'être violée. « Me laisser faire, c'était la seule façon de maîtriser la situation. » De ne pas subir, en plus du viol physique, un viol psychique. Nous la gardons quelques jours à l'hôpital afin de calmer les choses, mais aussi de mettre en évidence, derrière cette façade « forte », des idées suicidaires qui apparaîtront peu après. Vendetta racontera avoir découvert au cours d'une séance de thérapie familiale, juste avant le week-end passé chez ses parents, que son grand-père, dans un moment d'ivresse, avait tué sa grand-mère. Elle dira aussi qu'elle se vit comme une sorte de prostituée quand elle a fumé du haschich. Elle n'hésite pas alors à aller vers les garçons, qui ne lui font plus peur.

Secrets de famille

Souvent, les « secrets », les non-dits, les épisodes « cachés » de la vie des parents resurgissent à l'adolescence de leurs enfants, qui sont alors « traversés » par l'histoire familiale. En cas d'hospitalisation, ou tout simplement lors de passages aux urgences dans un contexte de « crise », il est fondamental d'interroger les parents sur leur propre adolescence, après avoir remonté progressivement l'histoire du jeune patient. On commence ainsi par le passage à l'acte, lui-même symbolique et qui souvent détient la clé de toute l'histoire inconsciente en marche : quel médicament a-t-il été utilisé pour se suicider ? à qui appartient-il ? dans quel but a-t-il été prescrit ? Les troubles du comportement, violences, fugues, conduites à risque, résonnent souvent avec les « bêtises » qu'ont pu faire les parents, maintenant raisonnables, lorsqu'ils avaient l'âge de leur enfant. C'est au cours de ces entretiens que les enfants apprennent les secrets de leurs parents qui, s'ils n'ont pas été dits, font symptômes. Ces secrets sont la plupart du temps « bénins » : tentative de suicide des parents dans leur jeunesse par exemple, mais parfois plus grave : démêlés avec la justice, meurtres, etc. D'autres secrets, comme celui du désir ou non d'enfant, sont à explorer et il faut profiter de ces moments où l'histoire familiale est interpellée, brassée, pour les laisser remonter à la surface.

L'écoute neutre et bienveillante prend alors tout son sens et en ne brusquant pas les choses, il suffit souvent de tendre l'oreille. Des hospitalisations « bâclées », avec des sorties prématurées, peuvent nous faire passer à côté des choses fondamentales. Il faut laisser à l'adolescent ainsi qu'à ses proches le temps de s'ouvrir. C'est souvent avec un intérêt massif qu'ils écoutent l'histoire de leur naissance, de leur petite enfance, de leur scolarité, de leurs grands-parents et enfin de leurs parents, avec leurs idéaux quand ils avaient leur âge ; comment ils se sont débrouillés avec la vie, sans faux-semblant. Dans ces moments-là, on doit parler vrai. Les symptômes disparaîtront comme par enchantement.

Revenons à nos adolescents de la semaine précédente : Vendetta, qui a passé le week-end à l'hôpital, et Gilles, qui revient en consultation externe, une semaine après sa crise clastique[1] au collège. Il se présente avec son père. Petit, rondouillard, avec ses lunettes et son air soucieux, il a la tête d'un intellectuel africain. Ils sont tous les deux dans leur coin, campés sur leurs positions. D'un côté, le père se dit très inquiet car son fils a depuis été exclu du collège, en attendant le conseil de discipline. Il risque d'être définitivement renvoyé. Gilles, lui, est calme. Il explique qu'il a porté plainte comme je le lui avais conseillé. Il semble rassuré et même avoir désiré ce renvoi. Mais parlons un peu du père et de son histoire devant le fils, qui parfois l'interrompt et le provoque en prenant l'accent « qu'est-ce t'as, ta ? » (alors qu'il me parle normalement). Le père, qui était médecin dans son pays d'origine, travaille comme veilleur de nuit dans la banlieue parisienne. Résistant à la corruption, c'est pour cette raison qu'il s'est exilé en France avec le statut de réfugié politique. On voit bien qu'ici le fils est imprégné de l'histoire du père et que, dans ses passages à l'acte, il venge celui-ci tout en lui reprochant une certaine forme de lâcheté, celle d'avoir fui son pays.

Quant à Vendetta, les choses changeront le jour où sa mère lui dira, au cours d'un entretien familial, ce secret qui l'agissait à son insu : elle est partie de son village car ses parents refusaient

1. Une crise clastique est une crise de violence furieuse, non contrôlée.

le mariage avec son amoureux dont elle était enceinte. Et Vendetta qui croyait que sa mère se prostituait !

La parenthèse de l'hospitalisation, la pause, permet de laisser émerger une parole, d'où sourd un secret de famille qui se dit enfin, et les symptômes disparaissent.

CHAPITRE II

Le goût de l'eau de Javel

> La mort a comme un goût d'eau de Javel et la vie, un goût de confiture de framboises. C'est pour cela qu'il ne faut jamais mettre d'eau de Javel dans les confitures.

Psy 007

Je finissais une semaine bien chargée, ambiance guerre civile à l'hôpital, quand le téléphone sonna. Les pompiers venaient de ramener un maître nageur basque qui avait insulté, avec un fort accent du Sud, les femmes sur le bord de la piscine en les traitant de « grosses salopes ». Son épouse en pleurs le retenait par les bandages qui entouraient ses poignets, doublement fracturés suite à une séance de karaté sur les consignes du vestiaire des hommes. « Il croit que je suis enceinte, que son père est mort et qu'il est millionnaire », me dira-t-elle. Panique aux urgences : « Il veut partir... Il est violent et costaud... »

Je me préparais à y aller, quand l'autre ligne sonna : « Psy 007, non 027, me susurre une voix féminine. Un de vos confrères psychiatre vient de décompenser en Sardaigne. Un voyage pathologique dans un contexte délirant. Il faut le rapatrier. Soyez prêt pour demain 11 heures. Il faut être à Charles-de-Gaulle à 13 h 30. OK ? » Ça fait longtemps que je n'ai pas eu de mission. Ma petite famille, que je devais accompagner dimanche à la gare pour le début des vacances de février, partira toute seule...

Je commençais à regretter mes patients de la veille, bizarres mais tranquilles : Daniel, vingt ans, qui avait essayé de se suicider en se mettant des pinces à linge à l'extrémité de chaque doigt : « J'ai remarqué, m'expliquait-il d'un ton docte, que ça devenait bleu au bout d'un moment... Une mort lente mais certaine, en déduisait-il scientifiquement. Quelques baies sauvages par là-dessus [1] et le tour est joué... » La mère, muette à côté de lui, écoute, en pleurs. Je lui propose un arrêt de travail, car avec toutes ces histoires elle n'a pas fait sa journée de représentante en lingerie féminine. « Je vous imagine en pleine démonstration. » Tout le monde passe des larmes aux rires, excepté l'infirmière, qui

1. « Du poison », prévenait sa mère depuis sa plus tendre enfance.

trouve que tout ça n'est pas très sérieux. Par contre, pas moyen de dérider cette vieille femme, Mme P., qui n'avait pas fait d'histoire pour aller à l'hôpital psychiatrique après avoir tenté de se pendre avec une corde aussi usée qu'elle : la corde avait cédé, mais pas elle. On ne plaisante pas quand on est mélancolique...

La situation était grave, voire tragique, toutes ces personnes s'étant déjà présentées aux urgences quelques jours auparavant. Par manque de lits, elles n'avaient pu être gardées dans les services de médecine et n'allaient pas assez mal pour être admises dans un service spécialisé.

Je ruminais de sombres pensées quand un dernier coup de fil me fit couler à pic. Ma mère atteinte de la maladie d'Alzheimer, que nous venions de placer, le profil bas et coupable, dans une maison de retraite, venait de se casser le col du fémur... « On fait de belles prothèses maintenant... En une semaine elle sera sur pieds », m'explique d'un ton docte un justement docteur. Je pense que ma mère a cru qu'on la laissait tomber et qu'elle est mal tombée... Se rattraper, annuler tout : l'Italie, l'urgence, la série noire qui s'annonce... « Impossible, psychiatre 007, vous avez accepté, tout est prêt, les billets, l'ambulance, et il n'y a que vous de disponible, pas de remplaçant... »

Et me voici dans l'avion au-dessus des Alpes (c'est grand, les Alpes) ; la Suisse peut-être. Je ferme les yeux. On passe de la neige à la mer :

en route pour une escale à Florence, puis direction Cagliari, en Sardaigne. Les images du maître nageur me reviennent, pleurant comme un bébé parce qu'on lui faisait une piqûre dans les fesses : « Ils se moquent de mon accent, docteur. Je veux retourner à Carcassonne. Je n'ai rien à faire ici, dans cette banlieue pourrie. » Je vous reçois cinq sur cinq, mais, pour le moment, repos total pendant une semaine... Et le voilà endormi comme un enfant qui sort à peine de l'adolescence, sous le regard attendri de cinq fliquettes et de deux policiers plus costauds venus prêter main forte, au cas où : « Je ne suis pas un bleu », leur avait-il lancé avant de sombrer dans les grands fonds.

Ça y est, on redescend. Les tympans se bouchent... L'hôtesse m'annonce que je n'aurais pas la correspondance pour la Sardaigne, vu le retard au départ de Paris. Il va peut-être falloir passer la nuit à Florence... Et moi qui ai rendez-vous à la clinique demain avec le chirurgien qui doit, en ce moment même, opérer ma mère ! « L'anesthésie en péridurale, l'avais-je supplié. Elle ne tiendrait pas une générale. Et même, avec sa maladie, dans quel état mental s'en sortirait-elle ? » La mort rôde, frissons. Je sens que ça psychote là-haut. Le syndrome de Florence, cet état d'angoisse dans lequel basculent certains touristes face à la beauté de la ville [1], me guette : si

1. G. Magherini, *Le Syndrome de Stendhal*, Paris, Usher, 1990.

je passe de l'autre côté du tableau, mon patient psychiatre va avoir du travail... Illusion de maîtriser la réalité alors que c'est elle qui nous maîtrise inexorablement. Voyage dans l'espace, voyage dans le temps. Un autre temps originaire ? Flirt avec la mort, souvenirs d'arrachements, de vie cette fois, entre-deux, suspendus entre deux eaux : perte des eaux/perte des os, col du fémur/col de l'utérus. Volonté de vivre, et de comprendre alors combien l'autre nous est cher (chair), même handicapé, diminué, atteint, éteint. Sa mort (ou son spectre) nous flèche de l'intérieur et fait saigner la vie : arrachement, commencement, fin.

Le train d'atterrissage est sorti : on amorce un piqué. Des maisons peintes en jaune se détachent du vert sombre des forêts. Mon voisin saigne du nez. Voilà ce que c'est que de râler tout le temps et d'être désagréable avec les hôtesses de l'air. Le Duomo émerge de la ville puis un fleuve boueux : la vie ? Des rubans de routes bien proprettes se déroulent, puis des carcasses de voitures : une casse, des casses, des pneus, de la fumée noire. Bienvenue à Florence : « Il est 14 h 50 et la température locale est de... » Tout va bien, on s'est posé. On me montre gentiment l'avion qui devait m'emmener à Cagliari : « Too late, no possible. » Et me voilà propulsé vers Milan, d'où je pourrai prendre le dernier vol pour la Sardaigne. Adieu la nuit à Florence. Et maintenant, l'attente. En premier lieu, appeler la clinique : « Allô, oui, votre mère est toujours au bloc, oui ça fait trois heures, à plus tard. » Les yeux qui gonflent, le nez qui coule, la toux qui prend : la crève, j'ai attrapé la crève dans cet aéroport pourri ! Qu'est-ce que je fous là, au lieu d'être près des miens, alors que ça sent la fin de mon « ronron familial » ? Grave, la vie ? Non, aiguë, stridente par moments. Et le torrent qui continue de s'écouler inéluctablement.

Pourtant, juste avant que je file à l'aéroport, la journée avait bien commencé, avec l'arrivée très remarquée et peut-être prémonitoire de Mister B., un habitué de l'hôpital. Ce patient roumain et paraphrène[1], d'une cinquantaine d'années, soutient être américain et commandant de bord d'Air France. Tiré à quatre épingles dans son habit élimé de pilote de ligne, avec sa petite valise cubique noire et sa cravate bleu marine, visage lisse, rasé de près, il se présente aux urgences. « Après quarante heures de vol, Wellington-New Zealand-Paris, je suis éreinté », explique-t-il. L'aide-soignant m'appelle : « il passe la douane et il arrive... » Face à face, sourires complices et amusés. « Non, pas le psychiatre ! Je suis quelqu'un d'absolument normal, mais je ne sais plus où aller, j'ai besoin de prendre une douche, de me reposer quelques jours. Et pourquoi pas en psy ? Vous êtes sym-

1. La paraphrénie est un délire d'imagination.

pathique. Vous le savez, c'est ma 108e interpellation. Je suis dans l'aviation... j'ai six cents personnes derrière moi... je suis très demandé... mais surtout, il faut me mettre à l'abri pour me soustraire à la pression policière : l'affaire Carrefour du Développement, c'est moi... vous le savez bien. » Il y a trois mois, j'avais eu du mal à le faire hospitaliser. « Vous habitez où ? » lui avait-on demandé à l'accueil de l'hôpital psychiatrique. « Je suis propriétaire du XVIe arrondissement... – Ce n'est pas notre secteur », lui avait-on répondu ! « Orly est ma maison » : *idem* pour le secteur... Difficile de demander asile à notre époque, même en tant que réfugié psychotique.

La tête appuyée contre le hublot, je revois son visage, dans la poudreuse des nuages où l'avion glisse, furtif. Le sépia des collines de Florence est maintenant bien loin. La nuit ne va pas tarder et j'échappe de justesse au syndrome de Florence. Détour par Milan, puis la Sardaigne. Tout cela pour aller chercher un « voyage pathologique ». Comme si le mien n'en était pas un ! Pathologique ou thérapeutique sur les traces de Freud en Italie ; non, au-dessus de l'Italie. Envol, survol, distance : fuir la mort, s'échapper de l'espace-temps.

Et ma mère ? Toujours au bloc ? Je rappellerai à Milan... Ça, c'est fuir... Au moins, pas de faux-semblant. Dans cette fuite involontaire d'un avion à l'autre, le temps passe plus vite (dilatations) ou, au contraire, se fige (contractions). Entre-deux, apesanteur... J'imagine mon patient confrère. Quelles souffrances, quels non-dits est-il allé crier en Sardaigne ? Un psychiatre qui devient fou, ça les amuse, les docteurs (normaux, non « psy »). « Ça arrive souvent ? » m'avait demandé, un sourire en coin, le médecin régulateur de l'assurance. « Oui, les médecins deviennent facilement fous. Le surdosage d'humanité, peut-être... » Silence. L'amusant, c'est le cliché qui devient réalité : un psy(chiatre) psy(chotique) qui s'occupe de patients psy(chiatriques). Au secours, Mister B. ! À l'heure qu'il est, il doit être tout propre, Mister B., les doigts de pieds en éventail sur son lit d'hôpital, méditant son prochain voyage imaginaire : « How do you feel, Mister B. ? » Dérision face à la vie, position radicale face à l'absurdité, suivant son petit bonhomme de chemin, parallèle à la réalité du monde. Seul face à la raison. Se débattant cependant entre l'affaire du Carrefour du Développement et les huissiers qui ont prétendument mis les scellés sur son 600 m^2 dans le XVIe. Et mon psy rapatrié, je le vois bien en pleine discussion avec lui, son voisin de chambrée : « Enchanté, Mister B., je suis américain, pilote de ligne. – Et moi, Docteur D., psychiatre. » Leur point commun : le voyage. L'un pathologique, l'autre imaginaire. L'un passager, l'autre commandant de bord.

Et moi le passeur, le dépassé par les événements. J'ouvre le parachute. Je me laisse porter, je lâche prise et j'amorce la descente vers mon destin. Descente sur Milan, où scintillent les guirlandes de Noël. Non, des barres d'immeubles. Des lueurs qui clignotent dans un enclos : un cimetière ? La fête des morts peut-être ? Le 10 février en Italie ? Étrange !

Encore attendre, monter, descendre, puis la Sardaigne.

Il fait nuit noire. L'air est peut-être plus doux ici. Avant d'aller cuver mes angoisses existentielles dans une taverne voisine, je rends visite à mon collègue « fou » dans son dortoir à l'hôpital psychiatrique. L'ambulancier me guide gentiment à travers les décombres, l'endroit semblant en plein travaux. J'imagine un service sordide : des cages, quelques chaînes, que sais-je... Eh bien, non : tout est flambant neuf, moderne. L'assistante est dynamique, efficace. Mon patient se lève, ralenti, « blanc comme un linge » aurait dit ma mère. Il a un petit ventre, signe d'une imprégnation neuroleptique qui ne date pas d'hier. Visiblement rassuré, il est content de quitter cet endroit où l'on ne parle pas sa langue. Délirant, persécuté, halluciné. Pas de bagages : un simple sac en plastique noir avec, dessus, son nom écrit au feutre. « Je voulais me reposer quelques jours en Sardaigne. Un coup de tête... » Puis il marmonne. « Vous dites ? – Non, rien, ne faites pas attention, je me parle. » L'interne est admiratif : « Vous le ramenez tout seul ? pas d'infirmier ? Vous savez qu'il a essayé d'étrangler le médecin-chef ? – Pas de problème. À demain, 8 heures... » En attendant, direction la taverne : coma éthylique (resto Saint-Remy, eau « Sainte-Lucie », vin local, 14,5° minimum), après avoir vérifié que l'opération de ma mère s'est bien déroulée. Péridurale OK. Les douleurs de l'accouchement sont dépassées. Bizarre comme cette notion de péridurale est rattachée à l'accouchement : tu accoucheras en silence et tu mourras de même. Soft, la vie, soft. Reste la douleur morale : la pire, la tenace, la totale. Pas de péridurale pour celle-là. Faut l'accepter, la mort, l'endurer, la digérer, la métaboliser et l'avaler tout rond, sans sourciller. Eh bien, ce n'était pas l'heure, à la prochaine...

Mais c'est déjà demain, il est temps de repartir pour une dernière escale : Venise cette fois. On l'aura fait, « le grand tour [1] ». Embarquement, café, passeport. Peu loquace, mon collègue, c'est bien un psy. Envol. Débarquement : nous voici à Venise. Dernière ligne droite avant Paris. Odeur de lagune, lumière vive, souvenirs d'exaltations sous le Rialto il y a quelques années. Et le syndrome de Venise, tu connais ? Retour brutal à la réalité. « Je ne pars plus », dit soudain mon patient en se relevant lentement.

1. Au XVIIIe siècle, c'est ainsi qu'on appelait le voyage en Italie.

Je reste deux jours de plus ici, d'accord ? » Regard vers les départs. Qu'est-ce qu'ils foutent à la porte nº 4 ? « Non, on y va. » Tension légère, mais tension. Qu'est-ce qui lui prend, à mon psy ? J'amorce la discussion : « Vous connaissez Venise ? – Oui, et ici c'est facile de basculer », me répond-il. On est d'accord. Je lui parle de ma mère, de mes soucis. Il me confie que sa mère aussi a des problèmes : une sclérose en plaques, et son père pédiatre qui ne peut plus s'occuper de sa petite-fille de trois ans. La vie... Il repart dans son monologue hallucinatoire. Je repars dans le mien. Il se rassoit, ne bouge plus. Pourtant, c'est le moment d'y aller : on embarque. Je lui rends ses papiers : passeport, billet d'avion. Plus de risque d'escapade, le couloir est balisé ! Enfin l'avion, la cabine... mais la porte ne se ferme pas. Vingt minutes d'attente, et mon patient qui lorgne la sortie. Je fais le calme en moi. Écoute flottante de ses mouvements intérieurs. Il se rassoit. « Mauvais temps à Paris, annonce le commandant de bord. En cas de nécessité, prenez le gilet situé devant vous, mettez la tête dans l'encolure... » C'est fait... Ça y est, on part. Le retour, discret : pas la peine de se faire remarquer par l'équipage. Première classe, premier rang, à un mètre de la cabine : vu de derrière, le pilote me rappelle Mister B. La fatigue ou le hasard ? Même coupe, même parfum. Il ne fait pas les choses à moitié, Mister B.

Mon psychiatre, les yeux fermés, marmonne en sirotant son deuxième verre de champagne (que je lui avais pourtant déconseillé avec les médicaments), mais il n'écoute plus rien : il est dans son monde. Le steward me raconte sa vie, tout en me lançant des clins d'œil complices. Il a compris la situation (qui ne s'arrange pas). Et moi qui pensais que le côté matriciel/contenant du voyage en avion allait améliorer l'état de mon patient ! Au contraire, ça s'aggrave. Il ne me répond plus. Les hallucinations l'occupent à plein temps. Seul avantage : à l'arrivée, il ne s'aperçoit pas du temps pourri qu'il fait à Paris. Il refuse toujours son traitement. Je rédige ma note de frais et hop, à l'hôpital psychiatrique.

Les ambulanciers sont bien là, mais curieusement absents. Pas de bonjour, pas d'aide pour les bagages : on est bien de retour en France. Ils se perdent en banlieue : « Si vous connaissiez le trajet, docteur, cela serait plus simple... » Mon patient se raidit, inquiet. « Chacun son boulot, mon gars, je leur réponds, moi j'ai donné. » On arrive enfin à l'hôpital psychiatrique, en pleine dislocation : les HP ne sont plus à la mode, alors on les vide, on vend les terrains et on achète des bâtiments en ville. Au passage, on perd quelques lits. Tout le monde est content : les pouvoirs publics font des économies et les psychiatres ont bonne conscience. En attendant, les locaux sont sordides et à moitié vides. Restent quelques infirmiers et de vieux patients chroniques. Mon idée que la France est bien un pays en voie de sous-développement se trouve renforcée : le malade n'est pas attendu, personne n'est au courant, il n'y a pas de médecin. Ambiance cellules, œilletons, matons. Néanmoins, j'essaie de plaisanter. « Nous, on n'est pas comme les médecins, se contente de répondre un infirmier. On ne gagne pas plein d'argent. » C'est vrai, j'oubliais : la lutte des classes. La guéguerre institutionnelle. Je la leur laisse, celle-là, ainsi que mon docteur qui part en trébuchant vers le dortoir. J'ai l'impression de le donner en pâture à l'institution. Il ne se retournera pas : bruits de clés... retour à la case départ.

Pour moi aussi la boucle se referme : le périphérique, Paris, mission accomplie, et la clinique où ma mère m'explique qu'elle a été opérée d'une descente des organes et qu'elle a vu la mort de près (tiens, je n'ai pas déliré). « Mais chut... Il ne faut pas en parler à ma sœur qui risque de s'inquiéter... – Reprends donc un chocolat, maman. » Mauvaise idée, mes chocolats italiens, ça colle au dentier. Elle s'étouffe pendant que mon père plaisante avec l'infirmière : « C'est l'histoire d'un psy qui rapatrie un psy... »

Un trou dans la dent

Jouissance du vide, du creux, de la vacuité sans peut-être la douleur à venir. En attendant :

absence. Caresse de la langue sur le reste d'émail : rempart de ruines d'ivoire, de restes d'enfance, de dents de lait et de petite souris. Sourire ébréché par les caries, le scorbut, la vieillesse. Une dent contre le temps qui passe, qui ment comme un arracheur de dents. Penser à faire arracher la dent, ou ce qu'il en reste. Ou plutôt, mettre une couronne, et jouer une dernière fois au Petit Prince.

Ma mère est morte

Con, on est tout con avec l'absence sur les bras : la mort, la fuite, la perte, le vide et le creux. « Le Creux frère », voilà un nom prédestiné de pompes funèbres, en face du Père-Lachaise. Ce creux qui ne sera plus jamais rempli. Cette entaille à la vie, à sa vie. Ce coup de poignard dans les entrailles. L'euthanasie, un beau concept. Je pensais : facile, une boulette d'opium, et hop, plus de souffrance, belle mort : fini. Fini pour le parent, l'ami, le proche ou le moins proche. Finis le fauteuil roulant, les escarres, la plainte. Mais celui qui a mal, ce n'est pas le mort. C'est l'autre, le vivant, le souffrant qui a mal à lui dans l'autre, à cette part de soi qui s'en va avec l'autre : dépositaire d'une partie de son histoire. Dans la tombe, au trou, à la trappe, fini... l'insidieux de la mort nous submerge soudain de manière définitive.

Je l'ai senti souffler, le vent de la mort. Il y

a un mois exactement, quand ma mère s'est cassé le col du fémur, juste après son admission à la maison de retraite de Us, dans la banlieue parisienne. Puis chaque semaine un nouveau palier vers la descente inexorable : première semaine, perte du dentier ; deuxième semaine, escarres ; troisième semaine, infections ; et là, brutalement, tout finit bêtement, simplement, par surprise : embolie pulmonaire. Et moi qui téléphonais au médecin de la « résidence » entre deux consultations, pour aller aux « mauvaises nouvelles » : « Vous êtes déjà au courant ? » me répond-il. De quoi ? La température ? Le dentier ? Non, la mort. Brutal réveil. Effondrement, terrassement, pleurs : mouillé, le bureau du docteur. Annuler les consultations. Imaginer les réflexions de la surveillante du dispensaire : « Ces médecins, ils annulent tout pour un oui, pour un non. » Prendre la voiture et rentrer se réfugier dans sa tour d'ivoire. Brouillard dense soudain dans la tête. Mécaniquement, prendre de l'essence, puis emprunter l'autoroute. Au radar, les essuie-glaces en panne, arriver à Paris. S'apercevoir qu'on est parti sans payer. Appeler la station-service : « Ah oui, la voiture rouge immatriculée 54321 SAD 75. Le vol de carburant, on me l'a signalé. C'est vous ? » Envoyer un chèque de 120 francs et 41 centimes, puis aller choisir un cercueil, la garniture, la croix, le bois, les fleurs, les faire-part, les textes : avalanche de choses à faire. Froid dans la tête. Et, dans ce brouillard, essuyer la buée et reprendre la route.

Le seul qui reste sur place, c'est le mort : tu le poses, il reste. Tu reviens le lendemain, il n'a pas bougé : il ne bougera plus, lui. La grande pause, la pause finale – en fait, la seule pause. Et au milieu de tout ce souk, encore le voyage : dans dix jours, en route pour l'océan Indien. Elle a bien fait les choses, ma mère. Juste le temps d'un petit pèlerinage en famille dans le Sud, pour l'installer au chaud dans les collines de son enfance... et de nouveau la fuite involontaire à la Réunion, puis à Mayotte, où un poste de médecin-chef vient d'être créé. En attendant, prendre le temps, faire bien les choses. Et tout d'abord, une première cérémonie en région parisienne. Comme d'habitude, les symptômes reviennent au galop : c'est ma voiture qui prend. Il me l'avait bien dit, l'astrologue de Goa, que j'avais un bon karma, sauf question voiture : plus de marche arrière en arrivant à l'église. Pas le choix, plus le choix : je ne peux qu'aller de l'avant.

Le lendemain, en route vers la Provence. Une semaine entre parenthèses pour rendre hommage à une vie, ce n'est pas trop. Ensemble : parents, amis, souvenirs. Recoller les morceaux d'une famille éparse. Retours d'enfance, cousins éloignés, chaleureux hasards objectifs, vieilles histoires : la guerre, la Libération, la ferme du château, le mas des tilleuls et enfin l'autoroute qui a laminé toutes ces pages de vie en les expropriant. Aller sur les terres, ou plutôt ce qu'il en reste, à la recherche du temps disparu : mais plus de trace de la deuxième maison reconstruite dans les années 1970 suite à une première expropriation. Sacrifiée, elle aussi, au dieu Autoroute : seule une haie de troènes géants témoigne de l'emplacement. Mémoire végétale, là aussi, ces quelques fruitiers plantés par le grand-père. « Le cerisier, où est le cerisier ? » demande ma sœur. Des iris rescapés d'un autre âge, plantés par la grand-mère, et nos enfants qui crient : « Un papillon, on a trouvé un papillon ! » Je les avais oubliés, ceux-là, les papillons de notre enfance, sur ces mêmes terres provençales. Le portable qui sonne, c'est l'agence de Paris : « On a trouvé un locataire pour votre appartement : un promoteur immobilier anglais. » Clin d'œil du destin, c'est bien le moment, et en plus un professionnel de l'expulsion, contre lesquels on a lutté dix ans, sur Paris, dans les squats artistiques. Vraiment, je ne pouvais pas tomber mieux. Il va payer un sacré loyer, celui-là, chargé d'histoires. Puis le soir, c'est le repas de famille à l'hôtel de la Touloubre, la fameuse rivière aux écrevisses. Mon père nous fait remarquer qu'ils se sont mariés dans l'autre auberge, en face : la roue tourne, quarante-cinq ans déjà. En attendant, faire pour le mieux. Demain la messe : pas une absolution, une messe... « Il me faut au moins vingt communiants », me lance le curé au téléphone. « Si vous voulez. » On est prêt à tout. La flûte de Chaurasia, un musicien indien, nous accompagnera. Pour communier, ça doit faire son petit effet mystique, avec un côté performance. Fouiller l'annuaire, retrouver les copines de ma mère après trente ans d'absence : les Paulette, les Mireille, les... Fidèles au rendez-vous. Elles sont toutes là. Celles qui nous gâchaient les dimanches. Ces dimanches qui s'étiraient d'ennui, au lieu de courir dans la garrigue à la recherche de traces romaines ou de fossiles, bercés d'odeurs et du chant des cigales.

C'est l'enfance qui fait mal, là, du côté de l'appendice, en remontant vers le cœur. Et la vie qui tourne : les gens, les lieux, les adultes, les enfants – ça roule, ça coince, tout se croise, se tricote, s'organise. Plus de place pour demain à l'hôtel, mais il y a un gîte à côté. Juste hasard : c'est un ami psychiatre, François, le fils de la meilleure amie de ma mère ! Chaleur de l'histoire sur ces lieux mystérieux qui ont suivi le cours de mon enfance. Le château de la Barben, la ferme du château, et ce mas. Il ressemble tant à celui des tilleuls, le mas de mes grands-parents. Odeurs surtout, lumière. À la place des tilleuls, un platane. Immense. « On l'appelle Charlemagne », me confie François avec une pointe de fierté dans l'accent. Il trône sur le mas de la « raiponce » (le nom de la mâche dans la région). J'entends « réponse » et je pose les questions, sur l'histoire de nos mères. Sur ce prisonnier allemand qui a écrit, il y a peu, pour demander des nouvelles de la famille qui l'avait si gentiment accueilli après la guerre, et de Paulette, ma mère, dont il était sûrement amoureux. Sur les collabos, sur les résistants, sur le cousin anarchiste qui ne veut pas rentrer dans le rang. Flashback sur la maison de retraite à Us près de Pontoise, Us comme USA, pensais-je pour mon père pilote qui a fait ses stages aux États-Unis. L'adresse : avenue de la Libération : pour ma mère qui se croyait à cette époque de sa vie peu avant sa mort. Et le chœur des Alzheimers qui chantait, en ce dimanche frais mais ensoleillé, lors de notre première visite avant l'admission de ma mère dans ce long (pas si long, en fait : un mois !) séjour : « Paulette, tu es la reine des paupiettes », pendant qu'un vieux monsieur, lui aussi bloqué en 1940, nous posait des questions en allemand. Ça va trop vite, tout ça. Trop douloureux, trop simple, trop compliqué.

Retour à la case départ, Paris, puis aller cuver son deuil sous les Tropiques. En route pour Mayotte, où le degré d'humidité est tel que l'on ne sait plus si l'on a le visage mouillé de larmes, de pluie ou d'eau de mer. Les baleines dans le lagon. Des tortues pondeuses sur les plages, rares et cachées. Pleurer tout le chagrin de son corps, de son âme. Yeux rouges des lémuriens, les makis, qui bondissent par tribus en fin de journée sur la terrasse du bungalow pour faire des razzias sur les bananes. Eux aussi enterrent leurs morts. C'est pour cela qu'ils sont sacrés sur cette île des Comores. « Quand ils meurent, me confiait un Mahorais, ils vous tiennent la main comme un être humain, en pleurant. » Deuil tropical, ciel étoilé, roussettes géantes. Insomnie : île, aquarium, lagon, chaleur. Territoire clos, intime, utérin. Amnios insulaire. Et demain, aller voir le directeur de l'hôpital de Mamoudzou, la capitale, où j'ai demandé ma mutation. Il me dira qu'ici ils n'en ont rien à faire, des psychiatres ; ce qui leur faut, ce sont des obstétriciens [1]. Pourtant, dans ce territoire français d'outre-mer, tout est à faire en psychiatrie. Il faut inventer, innover, composer avec le traditionnel : rituels de possession, « tam-tam diables », *patros* et *trumbas*. Obsessionnalité des religieux musulmans. *Fundis* des *djinns* et des *shetwanes*, rites mortuaires. Tout cela dans une ambiance matriarcale. Ici règnent les *bouenis* [2] : les femmes commandent. On les appelait « le commando des chatouilleuses », les opposantes aux indépendantistes qui chatouillaient les hommes politiques pendant leurs discours pour leur faire perdre la face. Elles ont gagné : Mayotte est restée française. Prochaine

1. Mayotte est en effet la plus grosse maternité de « France », car les femmes viennent de toutes les îles environnantes pour accoucher dans de bonnes conditions.

2. « Madame » en shimaoré. Par extension, nom donné aux femmes mûres, les « Mamas » mahoraises.

étape : avoir le statut de département d'outre-mer – d'outre-mère ?

Pluie à nouveau : averses tropicales, tout devient gris sombre, noir, en plein jour. Des fleuves de latérite rouge sang se forment et dévalent vers le lagon. On patauge, on court. Ça glisse, ça dégouline : ambiance de fin du monde. Et en toile de fond, le mont Choungui qui domine le ciel comme un sein géant.

Rituels

Retour à Paris.

Dans un squat de la rue d'Avron, une dame corpulente d'une quarantaine d'années nous reçoit dans son intérieur africain. Le strict nécessaire et la télévision à fond. Elle va dans la pièce d'à côté, se préparer. Attente. La voici qui revient, nonchalante et sérieuse dans son boubou coloré. Derrière nous, une grande photo d'elle et de son père, en noir et blanc. Jeter les coris [1] sur un tissu rouge, tendu sur un rond d'osier. Dire l'avenir, le présent, le passé. Une dizaine de « sexes de chattes » roulent sur le tapis : les coris sont sur le ventre, sur le dos. Pouvoir de la civilisation mandingue. Rituels pratiqués entre deux

1. Coquillages coupés, appelés aussi « sexes de chattes », qui servent en Afrique de monnaie d'échange et à la divination.

courses au supermarché du coin. Elle me parle par l'intermédiaire de la nounou, Awa, qui traduit. Pourtant, elle parle bien le français. « Le voyage, il y a le voyage. Tout va bien... Ça vous grandira, le voyage. »

Avant de partir, il faut faire un sacrifice : tracer la route avec un poisson (un poisson-chat de préférence) que vous remettez en liberté dans la rivière (« la Seine, ou le fleuve Niger ? »). Après chaque lancer de coquillage, j'ai droit à de nouveaux sacrifices : « Deux kilos de sucre, deux litres de lait et trois paquets de bonbons à donner à la mosquée. Le sucre, ça attire les enfants. C'est le plaisir. » Mettre sept noix de cola sous l'oreiller et, pendant une semaine, chaque matin, se frotter le corps avec l'une d'elles, puis la jeter au loin. C'est pour les ennemis, les jaloux. « Pensez fort à ce que vous voulez avant de le faire. » Elle lance à nouveau les coris. Et : « La mère, là, qu'est ce qui se passe ? – Elle est morte il y a trois mois. – Oh, excusez-moi. » Ma fille pleure, trépigne, prend les coris et les jette à travers la pièce. « Elle va s'attraper un sacrifice, celle-là, si elle continue ! » prévient gentiment, mais sérieusement, la dame en malien. Elle n'est pas très à l'aise avec moi. Impressionnée par l'homme, religion musulmane oblige, et surtout peur des taxes : « Les Blancs, ils demandent des taxes pour tout ! » On ne va pas taxer les coris ? Je mets les cent francs, prix de la consultation, sur la table en la rassurant. Je regarde par la fenêtre : le squat s'étend sur plusieurs étages. Les entrées communes sont sales. Des enfants courent en criant, avec des bidons d'eau sur des caddies de supermarché. Pas besoin d'aller en Afrique pour voyager. Le XXe arrondissement de Paris c'est le Mali et la moitié de la population n'a pas de papiers. Quand on s'inquiète, ils rient. L'exil est africain.

CHAPITRE III

Tropical blues

> L'exotisme, c'est cette distance du réel quand on se déplace vers l'ailleurs.

Au pays de la lune à l'envers

Expatrié à Mayotte. Naufragé volontaire sur une île au bout du monde. Temps suspendu sous le vol silencieux de roussettes géantes aux allures de ptérodactyles. Ambiance *Jurassic Park*. Derrière, une masse verte auréolée d'une couronne de nuages : le mont Choungui, domaine des dieux et des esprits.

Réalité, soudain : exil, ex-île. Loin, très loin – plus loin. Le spleen m'envahit comme les moisissures qui se nourrissent du cuir : lentement, totalement, définitivement. Je suis bloqué sur cette terre sauvage où survivent de misérables bannis. Peu à peu j'ai cessé de m'intéresser à la ligne d'horizon : mon regard s'est échoué sur la barrière de corail où j'observe le flux et le reflux des marées. Marée haute : écume blanche au loin – toujours. Marée basse : la Bretagne. Puis, sur la plage rouge de latérite : les crabes, pinces en l'air.

Depuis quelque temps, ma ligne de fuite s'arrête sur mon jardin, les plantes, les cocotiers, avec au fond, telle une barque sur le ciel multi-étoilé : la lune à l'envers. Insomniaque, je rêve d'échappées belles. « Comment vivre dans un pays à la renverse ? » hurle une patiente *muzungu*[1] qui craque en se badigeonnant le visage de savon pendant l'entretien. « C'est le monde à l'envers », me précise-t-elle en enjambant les Mahoraises enceintes allongées à même le sol qui attendent devant mon bureau leur consultation avec le seul gynécologue de l'île. « Regardez toutes ces baleines échouées. Marre de cette île. Je veux partir. Envoyez-moi en hôpital psychiatrique à la Réunion. » Les *bouénies* s'écartent doucement. Il faut savoir où l'on met les pieds quand on se déplace au « pays de la lune à l'envers ».

1. *Muzungu* (pl. *wamuzungu*) : le Blanc, l'étranger.

Je suis au Paradis – paraît-il : les îles, le soleil, la mer.

Mais le papier est trop mou, le crayon s'enfonce, mon moral aussi. Dehors, la pluie – incessante – dévale vers le lagon. Peur soudain que la mer ne déborde. Des coulées de boue rouge coupent la route, et les enfants s'y baignent en riant.

J'avais un peu de sel au fond d'un bol : en une nuit c'est devenu un marais salant. Marrant ? Non, désespérant. Et les moustiques. Les Tropiques sont infestées de moustiques. Tout le monde le sait, mais on l'oublie vite dès que l'on retourne en Europe. Pourtant, le nom « Trop-Piquent » devrait faire sens. Et la chaleur : l'étuve, la « marmite », précise le docteur M., un panama sur la tête, drapée dans un tissu local qui lui fait une grande cape bariolée. « Moi, je suis tropicalisée[1]. Mon coin, c'est Petite Terre : Pamandzi, un autre temps, un ailleurs dans l'ailleurs », me dit-elle en riant, avec un air de petite souris. « Et je suis un peu sourde », ajoute-t-elle avant de courir vers son dispensaire.

Le matin même, un pêcheur mahorais m'avait apporté une boîte de calissons d'Aix remplie

1. Est tropicalisé un objet qui a été construit pour résister à l'humidité des Tropiques. Un frigo peut être tropicalisé. Par extension, est tropicalisé un Blanc (*muzungu*) qui s'est habitué à la temporalité et aux inconvénients des Tropiques.

avec des confettis de billets de banque. Toutes ses économies auraient été grignotées par une souris. Il voulait que je lui établisse un certificat pour se faire rembourser. « Je suis psychiatre, pas banquier », lui ai-je répondu, tout en pensant que cela ferait une belle installation dans une galerie d'art parisienne. « Au revoir, docteur Euro. Et merci quand même. » Qu'est-ce qu'ils ont tous à m'appeler docteur Euro ? Airault, pas Euro. Un instant, seule dépasse sa petite tête de rongeur, sympathique et souriante. « C'est pas grave, docteur Euro », poursuit-il en claquant la porte. Pas facile, ce passage à l'euro, au fin fond de l'Afrique, de la France...

Marre. Aujourd'hui j'en ai marre. Un jeune médecin VAT[1] vient d'arriver, plein de projections dans la tête : l'île Noire, l'île Mystérieuse – ailleurs. Première expatriation : Mulhouse-Mayotte. Deuxième jour : « C'est vrai ce qu'on dit de vous : que vous ne foutez rien et que vous passez votre temps à vous balader dans l'île aux frais de l'hôpital ? » Encore un qui ne sait pas ce qu'est le travail de secteur[2]... D'où sort-il, l'imbécile ? Ici, ce n'est pas le *farniente*, la

1. Volontaire de l'aide technique.

2. Le travail de secteur est un travail de proximité et de prévention mis en place par les psychiatres à partir des années 1970 permettant d'éviter les rechutes des patients psychotiques et surtout leur chronicisation au sein des asiles psychiatriques.

plage. Ici, c'est l'île-bagne, une espèce de république bananière d'inspiration stalinienne dont la capitale, Mamoudzou, sonne comme Mamoscou. Enchaînés, les médecins de l'hôpital ou des dispensaires voient les patients à la chaîne. Quatre-vingts consultations hier, cent vingt ce matin... Attention aux excès de vitesse. L'épreuve d'effort, et parfois ça casse. Ainsi ce médecin qui vient d'être hospitalisé à la Réunion pour un pneumothorax. Des histoires de pression atmosphérique, a-t-on osé lui signifier.

Nous sommes tous ici prisonniers d'un mirage, un mirage aux alouettes qui auraient pris leur envol vers l'ailleurs. Entre dérive et ancrage, on s'accroche à l'île-bagne, à l'île-prison, à l'île maternante, étouffante, rassurante. Psychose, névrose et perversion : ici, les symptômes éclosent et tournent en rond. Il faut se serrer les coudes et mettre le paquet pour rester à la surface. Flotter, se laisser flotter sur le lagon, en attendant qu'un coup de brise vous aère les neurones.

Être à l'écoute de ses transactions intérieures, sans sombrer dans les tombants. Se raccrocher aux coraux de ses idéaux et regarder évoluer les poissons-chance et les poissons-rire à la lisière du grand bleu. Parfois un vertige me prend, mais une tortue, étonnée et furtive, de son œil soupçonneux me redonne l'espoir. Tentative pour la saisir. De trois coups de nageoire la voilà évanouie dans le bleu de mon âme.

Ramadan

C'est la panne générale sur l'île : plus d'essence, le bateau n'est pas arrivé. La machine se grippe. Déjà que tout s'arrête à 17 heures – une heure avant le coucher du soleil – en ce mois de ramadan. Les Mahorais sont abrutis par le jeûne. Les *wamuzungu* par la chaleur étouffante. On se rejoint : sourires, hypoglycémie – défoncés par la léthargie ambiante. Tout le monde semble avoir fumé des pétards. On guette la lune, qui indique la fin du ramadan, et on attend le jour suivant. Cet univers balnéaire semble soudain dérisoire – illusoire. Ventilé par les roussettes luisantes d'humidité, on pense au cœlacanthe, le poisson-fossile des profondeurs. Nous sommes dans l'origine du monde, un monde utérin et clos, où le bruit de la civilisation perce à peine. Ben Laden fait du bruit, mais ici, peu d'échos : on sourit en voyant s'écrouler les Twin Towers, mais pas de révolte, pas d'intégrisme : *Inch Allah*, et demain il fera jour. Jouissance de l'immobilité. L'appel du *muezzin* résonne dans la « palmeraie ». Même lui semble ralenti. Les lémuriens ne disent plus rien : les mangues sont finies, bientôt les lychees. Plus envie de se baigner dans la soupe chaude. Encore un espoir : entendre le cri du lamantin dans la mangrove et résister à l'appel des sirènes intérieures.

Un rêve me revient en mémoire. C'est en juin 1994. J'observe de l'extérieur le manège d'une femme dans un local, une sorte de garage, où elle semble vivre et travailler. On est dans une île style Tahiti – un peu en hauteur. On voit le port en bas. Un homme, visiblement un touriste, rend fréquemment visite à cette femme. Elle semble triste, renfermée, indifférente, lointaine, et pourtant cet homme l'intéresse. On les voit de plus en plus souvent ensemble, mais rien ne se passe entre eux. Un jour, elle part à grande allure, une valise à la main, un billet dans l'autre. Elle se retourne, lui dort. Deux hommes commentent la scène : « Elle a trouvé un remplaçant ! » disent-ils en souriant du mauvais tour qu'elle a joué à l'homme devenu le nouveau prisonnier du lieu.

L'amoureux délaissé surgit soudain et lui court après sans se rendre compte du piège qu'elle lui a tendu. Il essaie de l'appeler, mais elle est déjà loin. Je le rejoins et l'entraîne pour fuir les deux hommes qui, eux aussi, se sont mis à courir. On monte dans le bateau – par la cale – et on se perd dans les couloirs. Mes yeux ont du mal à s'habituer à l'obscurité. J'entends une voix : « Monsieur Airault, on vous attend. » Le bateau part, et je me retrouve seul dans le garage.

Éden-bagne

« Huit mois, c'est le temps qu'il faut pour craquer, me répète en riant un journaliste de RFO. Ici c'est le paradis, mais il y a un moment difficile à passer, un cap. Il faut accepter une autre temporalité et après, quand vous avez lâché sur le temps, ça va mieux... » Ses paroles me rassurent, moi qui commençais à sentir la chape de plomb du blues tropical m'envahir. On ne va pas me refaire le coup des « fous de l'Inde » !

De retour de Zanzibar, île imaginaire à deux heures de l'archipel de la Lune, nom poétique que l'on donne aux Comores, j'apprends que mon budget « psy » pour l'année est égal à zéro. Est-ce le retour de bâton des administratifs de la Réunion que j'avais rencontrés à mon arrivée ? Je leur avais conseillé de relire *Le Sanglot de l'homme blanc* de Pascal Bruckner quand ils m'avaient interdit d'aider les Blancs qui craquaient, en particulier nos collègues infirmiers. « Vous n'êtes pas là pour eux, mais pour les Mahorais. » Démagogie post-coloniale : Mayotte, colonie de la Réunion ?

Nous, les soignants, nous travaillons sur le sensible. Qui sur le sensible de la chair : médecins, chirurgiens. Qui sur le sensible de l'âme : psys... Autant vous dire que lorsque l'on doit parler avec ces administratifs, c'est autre chose qui fonctionne – ou qui ne fonctionne pas. Il faut carrément changer de cerveau pour s'adresser à ceux qui, insidieusement, lentement, sournoisement, ont pris le pouvoir et vous distillent – parcimonieusement et avec cet air suspicieux qui les caractérise – les quelques crédits qui nous permettent de survivre. « Il faut tenir », répètent-ils inlassablement. Tenir – de notre côté – signifie ne pas craquer, « bricoler » avec le peu qu'on reçoit, pour éviter la catastrophe sanitaire, pour que la pulsion de vie l'emporte (combien de temps ?) sur la pulsion de mort. Tenir – de leur côté – veut dire retenir (les fonds), ne pas lâcher (et surtout, ne pas lâcher prise, dans tous les sens du terme), boucler (les budgets par exemple), évaluer – leur maître mot. Et puis c'est louche de s'embarquer dans de telles galères, surtout à l'autre bout du monde, à « l'extrême France ». Des crédits pour la santé mentale à Mayotte ? À questions incongrues, réponses évasives : « Peut-être l'année prochaine » ; « Faites vos demandes par voie hiérarchique » ; « On veut des chiffres, des rapports, des bilans, mais surtout, il faut éviter les vagues » – bizarre et difficile sur une île ! Insensibles à la vie et à ses tourbillons, ses éclats, ils mettent de la distance avec ces soignants qui prennent la vie à bras le corps (combat perdu d'avance) et qui savent que, parfois, un effleurement, une parole, peut changer une destinée. Au mot « transfert » ils ajoutent « de fonds ». Un monde, ou plutôt une galaxie, nous sépare. Hurler pour remuer le mou, pour faire des remous, puis plonger en apnée avec l'espoir qu'un allié rebelle, égaré dans le système, saura vous entendre.

☙

Difficile d'imaginer comment on a pu exporter nos tares, notre bêtise, notre « speed » sur cette île où tout prête à la méditation sur la vie et le bonheur. Le culte du travail s'est emparé de certains de ses membres, même si la plupart dénonçaient cette ineptie : « Vous peut-être, mais nous, les Mahorais, on n'est pas faits pour travailler [1]... » Les employés de bureau épient leurs collègues qui ont « gratté » dix minutes car il a fallu « barger [2] » ; c'est-à-dire prendre le bac qui, chaque demi-heure, relie Petite Terre à

---

1. « L'indolence est à l'indigène ce que l'uniforme est au militaire », précise Jean-François Hory dans *L'Île-bagne du Dr. A.* (2002).

2. Néologisme qui signifie « prendre la barge ». Par

Grande Terre. À Mamoudzou, l'apoplexie est à son comble aux abords de l'hôpital où les urgences saturées essaient de dispatcher leurs patients arrivés en *kwassa-kwassa*[1], la médecine libre et gratuite attirant ici le reste de l'Afrique. Dans cet Eldorado français vient de s'ouvrir, comble de l'ineptie, un grand supermarché[2]. Le chariot rempli à ras bord, les *wamuzungu* repartent chez eux et constatent avec effarement qu'ils viennent de se faire tout braquer, même leurs vieilles chaussures qui séchaient sur la véranda. Il faut dire qu'entre 6 h 30 et 18 heures (horaires « normaux » de travail !), ils laissent leurs biens stockés le plus souvent dans un logement SIM[3], alors qu'à cent mètres de là s'entassent les bidonvilles des clandestins qui n'ont que ça à faire toute la journée : regarder le Blanc s'agiter dans tous les sens et entasser les biens gagnés à la

---

extension : prendre le temps (de barger). Est également utilisé pour quantifier une durée. « Tu as trois barges de retard » signifie : « Tu as trois trains de retard. » Barger introduit à Mayotte une autre temporalité et permet d'échapper, le temps de la traversée, au « speed » de Mamoudzou, la capitale.

1. Barques d'immigrés clandestins en provenance d'Anjouan, l'île voisine.

2. En face de la décharge publique.

3. Société immobilière de Mayotte. Rien à voir avec Sim City, le jeu d'ordinateur. Quoique... la SIM, à sa façon, est un précurseur : elle a construit des maisons de Schtroumpf.

sueur de son front. C'est le choc de la confrontation à la société de consommation, plaquée brutalement en cinq ou six ans sur une société traditionnelle africaine et musulmane. Le *cadi*[1] du village observe impassible, les gendarmes attraper les voleurs qui agissent la nuit, enduits d'huile de coco. Tout ce petit monde glisse entre les lois de la République et de son utopie altière qui considère son mode de fonctionnement comme un modèle pour l'humanité entière. Certains baissent les bras et se contentent de glisser sur le lagon avec leur vahiné, ou se réfugient sur les hauteurs de l'île pour nourrir les makis, d'autres craquent et échouent aux urgences de l'hôpital, où ils font la queue. Comme tout le monde. « Il n'y a pas de médecine à deux vitesses ici », m'avait prévenu le directeur de l'hôpital.

Une femme revient de la Réunion où elle a été hospitalisée en urgence après une grave tentative de suicide. Elle est rayonnante, bronzée, avec de la peinture blanche plein les mains : « On a acheté une barque et on s'éclate avec. Je la repeins en ce moment. » Elle m'explique que sa tentative de suicide était « comme une ultime

1. Juge/notaire/homme de loi.

solution à laquelle je ne pourrais plus avoir recours. Tout ce sang que j'ai perdu, c'est le mauvais sang : mon père était un angoissé. Ce sang-là, c'était le poison et je me suis déchargée de ça. Depuis mon geste, j'ai l'impression d'avoir produit un adieu à l'enfance, et sur le plan affectif je me sens moins puérile. » Cette « saignée thérapeutique », cette coupure dans son histoire déjà longue et parsemée d'hospitalisations en clinique, semble avoir fait son effet cathartique. « Et sur la barque on est ailleurs : on est tous les deux, avec mon mari, en dehors du quotidien. On ne se parle pas, on est là, ensemble, tout en étant ailleurs. »

Ainsi cherche-t-on des espaces, des parenthèses qui rendent la vie supportable. L'espace de l'analyse, du face-à-face avec soi, ou, si l'on est mystique, avec Dieu. Ou encore, tout simplement, au milieu de l'océan, entre ciel et mer.

Quand les grands enfants que nous sommes débarquent à Mayotte en croyant venir passer de belles vacances au bord de la mer tout en travaillant au rythme des îles, on leur explique tout de suite qu'ici : *primo*, on travaille plus qu'ailleurs, et *deusio*, la vie des îles n'est pas si facile qu'on se l'imagine. Liant le geste à la parole, votre informateur pressé comme le lapin d'*Alice au pays des merveilles* vous plantera là, car il a des milliers de choses à faire et ne peut pas perdre son temps à parler dans le vide. Est-ce pour culpabiliser le Mahorais de base, qui fait de la résistance passive devant toute cette agitation, que le bon missionnaire de l'Utopie Républicaine Française s'agite dans tous les sens ? Ou plutôt pour ne pas voir que nos valeurs – liberté, égalité, fraternité – sont difficilement applicables ? Perdu dans vos pensées, un trou noir soudain vous aspire. C'est le vide absolu dans votre philosophie de l'univers. Vos repères sont absents à part la poste et le centre des impôts – « et c'est déjà pas mal ». « On vous envoie là pour vous punir ? » me demande une employée de la DASS. « Non, c'est volontaire, une expérience, un challenge, une parenthèse. – Ah bon. Vous savez, ici, beaucoup de personnes ont quelque chose à se reprocher. Des casseroles, quoi. » Et moi qui m'attendais à des fleurs... C'est louche de partir, de s'exiler. Il doit avoir de bonnes raisons de quitter le sein de mère-patrie pour aller se perdre dans l'océan Indien. Pourtant, ce n'est pas si mal, avec le lagon, les baleines, les lémuriens. Les gens sont sympathiques. Mais au bout de quelques années, l'effet d'exotisme s'épuise, les forces s'amenuisent et la nostalgie nous envahit.

L'autre problème est qu'on ne peut pas s'évader : c'est Sainte-Hélène de Napoléon et les billets d'avion sont chers[1]. On ne s'échappe pas d'ici. La parole tourne en rond comme une toupie, le *syndrome insulaire* nous guette. Les voyageurs pathologiques quittent leur village par un bout et y reviennent par l'autre bout quelques jours plus tard. Mais il est aussi rassurant de se sentir au chaud sur cette petite île où tout le monde semble se connaître[2].

Heureusement, il y a le week-end : la « pause-lagon ». Seule la civilisation occidentale était capable d'exporter l'idée du week-end sur ces îles où la philosophie de la vie reposait sur l'idée de l'Éden, le grand jardin où les fruits appartiennent à tout le monde. Voilà peut-être pourquoi il y a autant de vols.

Détour par la prison de Majikavo. Toute neuve, elle est tenue fermement par un ancien légionnaire. « 50 % de viols de mineurs », me dit-il en écrasant sa cigarette dans un cendrier en forme de képi. Derrière lui, sur le mur, sa collection de médailles et les photos des copains en tenue. L'infirmière de la prison est en arrêt-maladie : chez elle, hier soir, des cambrioleurs

1. À cause du monopole d'Air Austral.

2. Quand on arrive à Mayotte, on se croit anonyme, alors que tout le monde nous regarde.

lui ont tiré dessus. Elle a craqué et a déménagé aussitôt. Comme elle a pris une semaine de congé, on essaie d'en profiter pour la licencier. C'est ça, l'institution. Les problèmes de sécurité dans la communauté blanche sont initiatiques. On arrive : ça commence par des problèmes d'avions ; il n'y a pas de ligne directe, on n'a pas de place, on attend sept heures à l'aéroport de la Réunion la correspondance. « Vous avez fait bon voyage ? me demande le directeur de l'hôpital qui me croise dans le couloir.

– Non, merci.

– Moi aussi la première fois : vingt-quatre heures de galère. Vous êtes bien installé ?

– Non, on cherche une maison.

– Très dur par ici, très cher... et les vols : une calamité. Le gynéco qui est arrivé en juin dernier est reparti le jour même. Il a posé ses valises, une heure après on lui avait tout volé. Une arrivée avortée, en quelque sorte. »

Contrairement à l'étranger, aucune solidarité entre Blancs n'existe ici. On n'est pas expatrié, vu qu'on est en France. Donc pas d'entraide. Chacun flippe dans son coin : aucun accueil à l'aéroport, aucun parrainage, aucun soutien. On a souffert à l'arrivée, on ne voit pas pourquoi il n'en serait pas de même pour vous, et la maltraitance entraîne la maltraitance. Vous voulez vous plaindre, chercher un tiers ? Ici, c'est entre nous, ça se règle à deux. La parole semble volatile. Une chose est dite, promise, due. Eh bien, non : le lendemain, c'est le contraire, vous avez mal compris, « j'ai jamais dit ça ». Importance d'avoir toujours un témoin, trianguler la relation et faire tout par écrit. Pour être « tropicalisé » assez vite, il ne faut pas trop bouger, pas trop parler et attendre que le lapin pressé ait fait le tour de l'île pour reprendre la conversation. C'est un mélange de l'île des Enfants Perdus de James Berrie et d'*Alice au pays des merveilles* de Lewis Carroll. Et la loi là-dedans ? Que fait la police ?

Réquisition

Appel pour une réquisition. Ma mission : examiner un enfant violé.

Le commissaire me reçoit dans son bureau constellé de photos d'interventions du RAID. « C'est moi partout », me confie-t-il avec fierté. Le voici en train de descendre en rappel d'un hélicoptère. Là, il serre la main du président de la République. Ici, il est en tenue de guerre bactériologique, et plus loin avec une meute de chiens. « Le film de ma vie », dit-il.

La victime entre. C'est un enfant de six ans, souriant, rigolo. Il a été abusé par un chauffeur de taxi. Sa mère, un bébé dans les bras, se tient derrière lui. Le commissaire offre au gamin des bonbons. Je lui rappelle que l'on apprend aux enfants à ne pas accepter les bonbons d'un inconnu. L'entretien se passe tranquillement.

« C'est Houssen qui m'a fait ça, répète le petit. On est partis dans une camionnette, les fauteuils étaient gris. On s'est arrêté, il m'a fait mal. » Le lieutenant grogne : « Le salaud, si je le tiens, il finit dans la mangrove... » Ses poings se crispent. Sur l'ordinateur, les portraits de sa femme et de son enfant. Au mur, des photos de lui en boxeur. La mère de la victime ne semble pas choquée, elle veut de l'argent car elle subvient seule aux besoins de ses enfants, tous de pères différents. Cela fait une demi-heure que ça dure. La faim nous tenaille. Il est 14 heures, c'est vendredi, ça sent le week-end, le lagon. Ici, le crime paraît anachronique. On décide de poursuivre la discussion au café. Le commissaire m'aime bien, « même si vous êtes un psy ». « J'étais boxeur, champion international, avant de faire le RAID, me confie-t-il. Ici, je m'emmerde. Les criminels ne se défendent pas quand on les arrête. Soit ils nient jusqu'au bout : les Anjouanais. Soit ils avouent et disent qu'ils acceptent de payer ce qu'ils doivent : les Mahorais [1]. Moi je ne me plais pas ici. À part la pêche au gros derrière la bar-

---

1. Ce sera le cas pour Houssen, qui expliquera qu'il n'a rien fait de mal et qu'il a donné à l'enfant un euro. « Comme ça se fait chez nous et comme on me l'a fait quand j'étais petit. Vous ne comprenez rien à notre culture, et qu'on me mette en prison pour cela c'est injuste, alors que je suis prêt à payer. » Trop tard : il risque huit à douze ans de réclusion.

rière de corail, il n'y a rien à foutre. C'est l'exil. Moi, ce que j'aimais, c'était le ring, les feux de la rampe, les articles dans les journaux. Après la gloire, l'anonymat, ça fait tout drôle. On vous prend pour un frimeur quand vous racontez tout ça, mais c'est comme une drogue la célébrité, on est dans sa bulle puis plus rien, si ce n'est de vieux articles de journaux. Des fois, je regrette les petits Beurs des cités. Ils se débattaient, vous insultaient et n'avouaient jamais. Y avait de l'action. Je suis chasseur et j'aime ça. Heureusement, demain, je vais derrière la barrière de corail. La chasse sous-marine, il n'y a que ça qui me retienne ici. Plus rien ne compte alors : c'est le grand bleu et là je me sens enfin bien. »

C'est la fin de la saison sèche. La pluie commence à tomber sur le toit de tôle. On se sépare. L'appel du *muezzin* fait vibrer l'air tendu par la chaleur.

Mayotte, terre d'exil ou d'asile ?

Amerrir en douceur sur cette île du bout du monde, du bout de la France. Amerrir avec tendresse, effleurer de sa présence ce territoire sensible, blessé, où la terre saigne sous les coups des hommes. Violence du rouge de la terre tranchée à vif, douceur mélancolique du vert-de-gris des manguiers brûlés à petit feu. S'il existe une terre d'asile dans l'océan Indien, c'est bien Mayotte. Cette petite île de l'archipel des Comores a choisi en 1974 de rester française. A-t-elle eu raison ?

C'est ce que peut se demander le *muzungu* quand, avec l'esprit romantique qui (théoriquement) le caractérise, il constate la destruction de la forêt primaire, l'arrivée du supermarché et les embouteillages sur dix kilomètres, aux heures de pointe, depuis la zone industrielle de Kaweni jusqu'au pont de Tzoundzou. Il regarde alors avec nostalgie le paysan « hors du système » ou le pêcheur qui revient avec ses mérous sous le regard impassible de femmes aux allures de spectres lorsqu'elles arborent le *dzindzano*, le masque de beauté au bois de santal[1]. Il est certain que l'esprit des ancêtres – jamais absent de la vie sociale mahoraise – doit être ému devant tant de « chambardements » : le rouleau compresseur de la modernité écrase avec détermination et sans état d'âme la mangrove, le domaine traditionnel des *djinns*, cet espace d'entre-deux : entre mer et terre, entre marée basse et marée haute, entre deux eaux où, de partout, les « cousins » des îles voisines arrivent : d'Anjouan, de Grande Comore ou de Mohéli, mais aussi de Madagascar.

---

1. Aux Comores, les femmes s'enduisent le visage d'un masque de beauté fait avec différentes essences de bois râpées sur une pierre de corail.

Contrairement aux autres colonies françaises, Mayotte a été un peu délaissée jusqu'à l'indépendance. Elle n'a pas bénéficié de la colonisation et de ses « bienfaits » selon les critères occidentaux : seule Petite Terre a des airs de passé colonial. L'autre île, Grande Terre, c'était, il y a encore quelques années, la brousse avec une simple piste de latérite impraticable pendant la saison des pluies. Sans doute est-ce pour cela que la tradition n'a pas bougé et que l'islam doublé d'animisme prédomine dans une société principalement rurale. Alors on s'est rattrapé : en dix ans, on a fait des routes, des collèges somptueux, et le système de soins ferait pâlir d'envie un ministre de la Santé d'une des anciennes républiques populaires.

Et la psychiatrie ? On y pense soudain, avec l'idée qu'il n'y avait peut-être pas de problème avant le progrès, qui apporterait le « malaise dans la civilisation » et son cortège de symptômes : névroses, stress, psychoses, etc. On passe alors, quant au rêve conceptuel, du bon sauvage, de la robinsonnade, de l'Éden, du paradis sur terre à l'île-bagne soumise à la religion du travail (salarié) et à la pensée rationaliste. Alors on fait semblant d'y croire : on va voir le médecin, mais seulement après avoir consulté le *fundi*[1]. On suit

1. Maître, savant dans une discipline qui peut utiliser, enseigner ou appliquer ses connaissances : le *fundi* des *djinns*, par exemple

tous les rituels et on n'en parle pas. On a bien compris qu'avec le progrès il faut compter sur divers inconvénients. Derrière tout cela, une fois de plus, il y a le risque d'uniformisation et de laminage des cultures. C'est moins clair qu'en 1912, mais rien n'a vraiment changé sur le fond. Pourquoi 1912 ?

ꕥ

1912. En pleine période de colonisation, deux médecins psychiatres, les docteurs Reboul et Régis, publient un rapport dénonçant l'absence de soins psychiatriques pour les peuples indigènes, déjà idéalisés et supposés vierges de toute névrose. « Nous avons le devoir, prêchent-ils avec passion, de donner aux peuples de nos colonies l'équivalent de ce que nous avons en France, c'est-à-dire les asiles[1] », distinguant ainsi le malade mental (potentiellement dangereux) du délinquant souvent enfermés ensemble dans les prisons. C'est toujours le cas à Mayotte : du voyageur pathologique venu chercher dans le canal du Mozambique la trace de ses ancêtres à l'halluciné de base qui fait un passage à l'acte, la prison de Majikavo a des allures d'Unité pour malades difficiles. Oubliée de l'Histoire, l'île

1. Au sens de donner asile, un refuge protégé du monde. *Cf.* H. Reboul, E. Régis, *L'Assistance des aliénés aux colonies*, Paris, Masson, 1912.

a soixante ans (ou plus) de retard, selon les psychiatres coloniaux. Mais ce retard a été rattrapé par l'Histoire, car l'idéologie psychiatrique actuelle serait plutôt d'achever la dernière étape, développée depuis les années 1970 dans le cadre de la sectorisation : soigner la population au plus près de son lieu de vie et faire progressivement disparaître les asiles, devenus des institutions géantes où les patients, totalement désocialisés ou « défamiliarisés » (du monde et de la famille), restent jusqu'à la fin de leurs jours.

D'où le fait que Mayotte – ô paradoxe – a peut-être trente ans d'avance. Les patients sont chez eux : la famille s'en occupe, même si parfois, en cas de crise, elle peut les attacher ou les enfermer. Les jeunes vivent dans des cases pour adolescents : les *bangas,* nécessaires espaces transitionnels entre l'enfance et l'âge adulte que l'on semble aujourd'hui redécouvrir en Occident. Enfin, les croyances animistes sont encore très présentes : les patients ne sont pas considérés comme fous mais comme possédés par les esprits, les *djinns*. Les crises d'allure psychotique, bien tolérées par la population, ne sont pas stigmatisées. Cette culture n'a pas été détruite de manière « sereine et déterminée » par la pensée coloniale religieuse ou scientifique, comme on peut le lire dans le célèbre rapport de Reboul et Régis : « Mêlant psychiatrie exotique, hygiénisme et lutte contre les traditions indigènes, ce développement s'apparente à une profession de foi de la psychiatrie coloniale : éduquer l'indigène et sélectionner l'Européen. » Tel est le projet psychiatrique utopique d'une société coloniale idéale, où l'action pédagogique à entreprendre auprès des populations colonisées mêle, de façon ambiguë, bienveillance, désir thérapeutique et destruction sereine des cultures locales : « débarrasser [l'indigène] de ses préjugés concernant la folie et des pratiques fétichistes qui en résultent ».

Nous sommes donc à l'intersection de deux cultures, officiellement sur un territoire français de presque deux cent mille habitants[1] dont la moitié a moins de vingt ans. Le *muzungu* que je suis – avec comme arme l'empathie – peut-il avoir des effets (et lesquels) sur cette population qui n'a rien à voir avec ma propre culture et qui souvent parle à peine le français ? Nul n'étant prophète en son pays, il semble qu'en cette terre d'islam ma simple écoute puisse produire cer-

1. Dont 45 000 personnes en situation irrégulière ! Voir *Mayotte Hebdo* du 14 novembre 2003, p. 4.

tains résultats, comme on le verra plus loin avec trois jeunes gens que j'ai surnommés « Ben Laden », « le Maki » et « Prophète Insa », qui présentaient des états psychotiques aigus transitoires et que je revois dans les dispensaires de brousse ou au Centre de santé mentale Matulaï[1].

Mais avant d'évoquer ces crises psychotiques « aiguës » d'évolution favorable, faisons un tour dans la psychose, celle qui ne bouge pas et qui a engendré ces lieux hors monde : les asiles, où patients et médecins psychiatres occidentaux sont restés dans leur bulle institutionnelle pendant plus d'un siècle.

L'enfant sauvage de Nyambadao

Si chacun peut se réfugier par moments dans sa bulle secrète – son territoire intime –, d'autres, parfois dès l'enfance, s'enferment dans leur monde et n'en sortent plus. C'est la psychose. Ils finissent par ne plus avoir aucun contact avec

1. Matulaï désigne l'intersaison d'avril-mai, mais aussi un moment difficile, en particulier pour les pêcheurs. Matulaï est avant tout le nom du vent – les alizés – qui souffle à cette époque de l'année. Ces vents changeants marquent la fin de la rude épreuve des pluies. C'est une période d'entre-deux, d'entre-temps, qui annonce une saison plus clémente. Comme les moments de crise qui agitent parfois les humains : elles peuvent être dangereuses, mais aussi maturantes.

les autres et peuvent perdre jusqu'au langage s'ils l'ont acquis. En Occident, ce genre d'évolution déficitaire décrite par les aliénistes avant la découverte des neuroleptiques (en 1954) ne se voit pratiquement plus. Ce n'est pas le cas à Mayotte.

Nyambadao est un petit village de pêcheurs bien connu des *wamuzungu*, car on peut y louer des barques pour passer la journée sur l'îlot de sable blanc et la plage de Saziley, réserve naturelle où pondent les tortues marines. Un pêcheur entre deux âges mène rondement l'affaire et, sur la crique rouge de latérite, une escouade de barques attend samedi et dimanche matin les candidats au pique-nique.

À cent mètres de là, depuis des années, le jeune Moussa était attaché aux racines d'un arbre situé en contrebas d'un jardin. Cela se passait à deux pas de l'unique route nationale menant à Bandrélé, juste derrière une maison en dur où s'entassaient des ardoises coraniques en bois. Dès mon arrivée à Mayotte, on m'avait parlé de cet adolescent de douze ou treize ans : les autorités sanitaires évoquaient « les mauvais traitements infligés par la famille à cet enfant psychotique ». En fait, les parents essayaient de s'occuper de lui avec les moyens du bord.

Moussa avait été abandonné par sa mère, ellemême folle. Son frère, atteint d'une symptomatologie similaire, était libre de ses mouvements car ses errances ne posaient pas de problème.

Par contre, Moussa avait la fâcheuse habitude de fuguer, de jeter des pierres sur les voitures et de hurler la nuit. La tante et l'oncle qui s'en occupaient étaient donc obligés de l'attacher et de l'enfermer dans un *banga*, qui, vu ses problèmes d'incontinence, ressemblait plus à une étable qu'à une chambre d'adolescent. Zaina, l'infirmière du secteur, essayait d'expliquer à la famille qu'il ne fallait pas le traiter « comme une poule[1] », mais comme un enfant malade. Les rituels d'exorcisme avaient coûté très cher (des cabris et même un zébu avaient été sacrifiés), et n'avaient rien donné : « Le jeune Moussa est possédé par un *shetwane* », avait diagnostiqué le *fundi*, et aucune alliance n'était possible avec cette sorte d'esprit. Cela n'avait pas découragé Zaina dans son travail de fond sur le terrain avec la famille – ou plutôt avec sa famille, car Moussa était un de ses cousins éloignés. Régulièrement, la presse occidentale évoquait ces pratiques archaïques d'enfermement qui sévissent encore à Mayotte et malmènent l'image de pays défenseur des droits de l'homme qu'on aime à se donner dans le monde. Le problème est que Moussa n'est pas le seul, et que ça fait désordre, un enfant en cage ou attaché à un moteur de bateau. Deux siècles auparavant, le Dr Pinel s'était ému du sort de

1. À Mayotte, quand on achète une poule, on l'attache par une patte trois à cinq jours à un arbre. On considère que, passé ce délai, elle reviendra toujours à cet arbre.

ces pauvres fous. Il avait rompu leurs chaînes et leur avait fait construire les fameux asiles où l'on entendait redonner à ces malades la dignité qu'on leur devait. On connaît la suite. Et 150 ans plus tard, nous voici à Mayotte, la chaleur en plus.

Les familles s'expliquent, tranquillement. Ils veulent bien détacher les jeunes patients, mais après ils se brûlent en tombant dans la marmite d'huile bouillante où l'on fait frire manioc et fruits à pain. On veut bien les habiller, mais ils sont souvent incontinents et, de plus, se salissent dans la boue. Il est donc plus simple de les laisser tout nus jusqu'à la tombée de la nuit, puis de les rentrer dans leur *banga* dont le sol, recouvert de lino, sera lavé à grande eau le lendemain matin. Certes, mais c'est choquant, un enfant tout nu et tout crotté, attaché à un poteau électrique[1], comme on peut le voir en plein cœur de Mamoudzou, à deux pas d'un collège flambant neuf qui se targue d'obtenir les meilleurs résultats scolaires de Mayotte... Les psychotiques lourds – aucune structure de soins psychiatriques n'existant dans l'île – restent dans leur famille qui se débrouille comme elle peut, et sans aucun souci du politiquement correct.

Les mères n'en sont pas moins aimantes. Elles continuent de s'occuper de leur enfant, et sans culpabilité. Elles n'ont pas connu la période du

1. Les parents précisent qu'en plus on leur a coupé l'électricité !

« c'est la faute aux parents », et ne savent pas qu'elles entrent dans la célèbre catégorie des « mères de psychotiques ». Ce sont des *bouénies*, bien enveloppées, bien enveloppantes, qui, dans une fratrie de huit à dix enfants, doivent faire avec un gamin dont elles vont s'occuper toute leur vie. Il existe bien une structure associative – Toioussi, « l'oiseau de paradis » – qui sert d'hôpital de jour et possède trois centres à Mayotte. Les places sont chères pour ces familles aux revenus plus que modestes, qui souvent ne touchent même pas l'allocation enfant handicapé [1], quand ce ne sont pas des immigrés comoriens en situation irrégulière.

Revenons à Nyambadao, chez notre jeune patient dont la mère correspond plus à nos clichés occidentaux : elle est folle, vit à droite et à gauche, et fait certainement d'autres enfants. Ce sont, comme je l'ai dit, l'oncle et la tante qui s'occupent du jeune Moussa, un peu gênés parfois d'avoir recours aux chaînes et aux sangles. Mais sur Mayotte les liens familiaux sont encore serrés et il est hors de question de laisser tomber l'un de ses membres – vieux, jeune, handicapé ou psychotique.

J'ai rencontré pour la première fois Moussa en septembre 2001. Le Dr B., médecin de la PMI qui avait fait « l'inventaire du handicap à

1. Environ 90 euros par mois.

Mayotte », me pilotait parfois au fond de la brousse pour me présenter les patients qu'elle avait « dénichés » avant son retour définitif en métropole. J'étais accompagné par H., une jeune volontaire de l'Aide technique en psychiatrie, de Zaina, l'infirmière, et de l'éducatrice de santé du dispensaire de Bandrélé. Je les avais suivies au pas de course dans le méandre de ruelles qui sépare la route du *banga*, car tout se sait dans ces villages et les parents détachent vite les patients avant notre arrivée pour éviter d'être sermonnés. Trop tard : ses liens « tout chauds » gisent à terre – une chaîne et un lambeau de sac de riz qui sert de sangle. L'enfant est assis dans un coin, l'air apeuré, sale, habillé d'un tee-shirt beige sur lequel est inscrit en rouge « L'hiver à Paris ». Je suis déjà installé sur la véranda en ciment brut, quand le reste de l'équipe arrive essoufflé. Quatre chats noir et blanc jouent près de la porte de la chambre à coucher qui est fermée d'un drap. À notre gauche, un *banga* « cuisine » avec une porte noircie par la fumée et, pour charnières, de vieilles tongues clouées. Juste derrière, l'arbre et les liens. Entre les deux, les poubelles à même le sol, en tas – vieux débris de casseroles usagées et de noix de coco râpées. Sur la droite, le *banga*, porte entrouverte. Derrière, un poulailler sur pilotis à côté de tôles vertes qui délimitent les W.-C. et la salle de bains, entourés de bananiers. Moussa est assis là, par terre, et nous observe du coin de l'œil, suspicieux.

La tante nous raconte l'histoire de la mère *massera massera* (folle), du deuxième enfant – fou lui aussi – et de Moussa que l'on doit contenir car « des fois il fait des bêtises [1] ». Entre-temps, l'enfant sauvage se rapproche, il me sent, me touche et, après avoir mis quelques mètres entre nous, s'adosse à un des poteaux de la véranda et commence à chantonner.

Le Dr B. veut déjà partir : « J'en ai huit autres à vous montrer. » Je lui branche le disque du psy : « Il faut prendre du temps. On fait connaissance, on se parle intérieurement. » Ils délirent, tous ces psys ! doit-elle penser, mais elle accepte de rester une demi-heure de plus. Le temps d'être là, posé, d'attendre de faire un peu connaissance. Pas de miracle – la psychose, c'est la psychose –, mais qu'il y ait une rencontre, un moment partagé, une visite qui fasse sens pour l'enfant et sa famille, sur laquelle le médecin du dispensaire, l'infirmière, l'éducateur de santé, pourront s'appuyer pour faire bouger un peu les choses. Jouer le rôle de catalyseur, de tiers dans le couple famille/soignants. Y croire un peu, beaucoup, passionnément, à la folie – au point où nous en sommes...

H., la VAT, commence à flipper car l'enfant lui caresse le bras tout en chantonnant. Elle qui

1. Le problème avait pris de l'ampleur avec l'arrivée de la puberté : augmentation de l'agressivité, érection, etc.

a peur des maladies de peau (elle s'enduit d'écran total depuis son arrivée à Mayotte) avec son teint très clair et des grains de beauté qui menacent de dégénérer en mélanome ! Mais la glace est brisée, Moussa nous parle, il nous palpe – intérieurement et extérieurement. Les chatons noir et blanc aussi : ils viennent ronronner près de nous.

Soudain un homme apparaît derrière le drap tendu. C'est le grand-oncle, un ancien de l'armée française, mais qui, depuis, a oublié le français. La famille commence à s'élargir, tranquillement, doucement.

« Qu'est-ce qu'on peut donner à Moussa pour qu'il dorme un peu la nuit ? Va-t-il guérir ? Que faut-il faire ? » demande-t-il en se raclant la gorge. Ils attendent des conseils. Mais pourquoi tout bouger – aller trop vite ? Et si Moussa commençait par venir régulièrement au dispensaire, où on lui donnerait un léger traitement neuroleptique le soir ? On pourrait progressivement le laisser libre plus longtemps, et l'aider à trouver une place dans sa famille, dans le village.

Il a un bon contact, cet enfant, pour un enfant psychotique. Peut-être est-il simplement sourd ? Claquement des mains près de son oreille : sursaut. « Le bilan audiométrique a été fait : RAS de ce côté-là », confirme le Dr B. avec un air de technicien. Évoquer l'autisme de Kanher, ces enfants au physique harmonieux renfermés sur eux-mêmes et qui s'automutilent au moindre changement. Mais ce n'est pas le cas avec Moussa : il se fait à notre présence et y prend visiblement un certain plaisir. En fait, ça l'amuse de voir des *wamuzungu* sur son territoire. On fera même des photos : de lui, des chats, de la famille et des chaînes, en demandant dans la mesure du possible de ne plus utiliser de liens de contention maintenant que Moussa a un traitement. Photos souvenirs d'une époque révolue. En partant, je me fais offrir une plaquette en bois qui traîne derrière la maison. Y sont inscrits, au charbon de bois, quelques versets du Coran en arabe : une ardoise d'école coranique.

Depuis, chaque fois que je vais dans le sud de l'île et que je franchis les ralentisseurs de Nyambadao, je pense à Moussa, et je suis sûr que cela a un effet. Présence forte de la psychose. Sa présence en moi – constante tout au long de cette année – devait trouver un écho chez eux, chez lui. J'en ai eu la preuve un an plus tard.

Ce jour-là, en compagnie d'un collègue psychiatre qui venait faire un remplacement, je passe avec ma famille quelques heures sur les îlots de Bandrélé. De retour sur la plage de Nyambadao, je lui propose d'aller voir où en est le jeune Moussa. Ma femme est partante et ma fille Hortense, quatre ans, suit la procession. C'est la fin de l'après-midi, les *bangas* des adolescents prennent du relief avec la lumière : leurs peintures naïves sur les murs de latérite contrastent avec le vert des pieds de canne à sucre plantés dans un minuscule jardin près de l'entrée. Zaina, l'infirmière, est là chez sa sœur qui tient un magasin d'alimentation. C'est samedi, elles font griller des épis de maïs. Zaina est en congé maternité et ne reprend le dispensaire que dans deux mois. Elle est contente de nous voir : « Ça fait longtemps », précise-t-elle, puis elle nous emmène chez son jeune cousin. Il y a foule dans la cour : tout un groupe d'enfants, ardoises coraniques à la main, chantent les versets du Coran. Ma fille est aux anges : elle qui rêve depuis son arrivée sur l'île d'aller à l'école coranique... Sans se poser de question, elle s'installe parmi eux. La tante, une vieille Singer entre les jambes, coud sur la véranda. Les chats ont grandi : ils sont adultes et efflanqués. La cour a changé : elle semble vide, plus spacieuse, aérée. C'est que le *banga* a disparu : ils l'ont démoli et Moussa habite maintenant avec eux dans la maison en dur. L'arbre a profité, ses racines sont encore plus proéminentes.

Moussa n'est pas loin : « On va le chercher », me dit la tante qui descend de la terrasse avec un grand sourire. Elle disparaît deux minutes. Entre-temps, ma fille s'est fait offrir une ardoise coranique en bois et chante à tue-tête avec les autres enfants. Furtif, le jeune Moussa arrive enfin. Il se recroqueville par terre à la même place que l'autre fois, près de l'entrée des toilettes. Je m'approche et lui tends la main, qu'il me serre, l'œil interrogateur. Il fait chaud, mais un souffle de vent apporte un peu de fraîcheur. Moussa a toujours son tee-shirt « L'hiver à Paris », cela me ramène aux dures réalités du mois de janvier : il neige actuellement en métropole. Il n'est pas si mal ici : que deviendrait-il là-bas, bien habillé peut-être, mais enfermé dans une institution ? Une odeur musquée flotte parfois sur l'assistance. Ma femme cherche où sont les fleurs qui dégagent un tel parfum, et ma fille fait chœur dans le groupe d'enfants. Tranquillement, la famille nous explique que maintenant ça va mieux : Moussa est libre et ne fait plus de bêtises. Zaina sourit : ça n'a pas été facile, il a fallu venir les soutenir, petit à petit, jour après jour, depuis plus d'un an.

Je m'approche un peu trop près, un peu trop longtemps, de Moussa, et lui touche le thorax : il recule. Sa tante précise : il n'aime pas trop le contact physique. Il se met cependant à chanter. « Il vous reconnaît, c'est sûr, et il n'a pas peur. » Tout le monde est content de nous voir. Peur peut-être d'avoir été oubliés : les *wamuzungu*, ils viennent, ils veulent tout changer, font le contraire de leurs prédécesseurs, puis repartent aussi rapidement qu'ils sont arrivés. « Ce qui compte, c'est le travail de fond, sur la longueur ! » précise Zaina.

La tante prend soudain une grande perche et nous montre de grosses feuilles blanches à cinq mètres du sol, tout en haut de l'arbre, un pandanus[1], où était attaché le jeune Moussa. Quelques pétales tombent près des chaînes rouillées en boule – on dirait les feuilles que l'on trouve sur les bambous, longues et pointues. Elle les offre à ma femme : odeur forte, musquée, un peu poivrée. Ce ne sont pas des feuilles, mais les fleurs de cet arbre. « On s'en sert pour faire du parfum », précise-t-elle, et c'est ce qui sent si bon en elle – un gros pétale de fleur plié en accordéon sur une épingle de sûreté accrochée à une chaîne autour du cou. Nous voilà enveloppés de cette odeur, qui couvre celle du moisi en cette saison des pluies.

La première fois, c'était l'été indien : en un an et demi, on est passé de la racine à la cime de l'arbre : de l'enchaînement à la liberté. Le jeune Moussa n'a pas bougé, il nous regarde. Il faudrait rester, prendre le temps, écouter ses mouvements intérieurs, ses tonalités. Mais la nuit va tomber, il faut rentrer. Nous reviendrons, c'est sûr. Ma fille a du mal à s'arracher à la litanie des versets du Coran, et elle part en râlant, son ardoise sous le bras. Moi aussi, j'en ai repéré une dans un coin, inutilisable mais patinée par des générations de musulmans. « Vous la voulez ? » me demande la tante. Et chacun repart avec son petit cadeau : pétales de fleur ou ardoises coraniques. Moussa chantonne dans un

---

1. Les Mahorais appellent cet arbre *dhoua*, comme le nom des prières d'invocation.

coin. Les enfants ont repris leur litanie et la tante sa Singer. L'oncle, lui, est rentré dans sa chambre et s'est sûrement recouché.

Notre procession redescend vers la route dans les effluves de cette étrange fleur de pandanus. De retour dans sa boutique, Zaina nous offre quatre épis de maïs grillés. On se brûle les doigts en riant dans les derniers éclats du jour.

Banga, ou le petit chez-soi

Il n'y a pas que les individus qui soient agités par des crises d'identité : les sociétés le sont également, et l'exemple de Mayotte, île française du bout de l'ailleurs, en est l'illustration. Ici, deux continents se rencontrent : l'Europe et l'Afrique, le Nord et le Sud. Car à Mayotte, on n'est pas à la Réunion ou à Tahiti : on débarque en Afrique. La modernité surprend des traditions rythmées par l'islam et le monde invisible des esprits. La République française essaie en quelques années de faire passer ce petit paradis tropical du XIXe au XXIe siècle. C'est dire que soudain tout s'accélère, et provoque des turbulences. On passe d'une période de latence (l'âge de raison ?) à l'âge de la mondialisation. Comme tous les adolescents, les jeunes Mahorais sont ambivalents : à la fois heureux que ça bouge, mais voulant rester dans l'atemporalité de l'enfance. Tiraillés entre le confort d'habitudes communautaires ritualisées dans un espace clos, amniotique, celui de l'île, et un modèle de développement économique importé de France *via* la Réunion. Heureusement, ils peuvent se réfugier dans une « coquille » issue des traditions bantoues et spécialement conçue pour eux : le *banga*.

Cette case pour adolescents, typique de l'archipel des Comores, a résisté à l'invasion musulmane. Même si les cultures s'uniformisent actuellement à partir des catégories occidentales, le *banga* résiste également à l'invasion *muzungu* – pour le plus grand bonheur des jeunes, non seulement de Mayotte, mais aussi de métropole, qui reconnaîssent là le besoin universel de faire une pause entre l'enfance et l'âge adulte, comme le prouve la flambée des squatts artistiques sur Paris au cours des années 1990.

Qu'est-ce qu'un *banga* exactement ? C'est une petite maison d'une pièce où va vivre l'adolescent mahorais dès sa puberté. Il échappe ainsi à la suspicion de l'inceste et à la promiscuité dans le logement familial traditionnellement constitué de deux pièces. Il ne coupe pas le cordon, même si les *bangas* sont construits en-dehors de l'enclos familial, le *shandza*[1], mais à une distance raisonnable afin de permettre au jeune de pouvoir facilement venir prendre ses repas ou faire sa toilette. L'adolescent acquiert

1. Sorte de poche amniotique délimitant le territoire de la maison qui appartient à la mère (matrilinéarité).

ainsi une autonomie valorisante tout en restant sous contrôle maternel.

Le *banga* est un habitat par essence éphémère, traditionnellement construit en pisé. Il faut d'abord aller dans la forêt couper des bambous pour faire la charpente – l'ossature –, puis la remplir avec un torchis fait avec un mélange de terre et de paille de riz ou de feuilles de bananier séchées : le *banco*. On y pratique trois ouvertures : une porte, une fenêtre, et surtout, à l'arrière, une petite lucarne basse par où peut fuir la *buledi*, la copine, en cas de contrôle familial inopiné. Enfin, pour décorer les murs, on ira chercher des pigments dans les *patzas*, ces terres mises à nu par l'érosion. Toute la communauté participe à l'édification de ce petit chez-soi qui fait le bonheur des jeunes Mahorais : c'est l'initiation à la *musada*, l'entraide collective. L'extérieur est décoré de couleurs vives, le jeune y inscrivant des slogans et son surnom (des tags ?). Il plante tout autour un jardin avec des fleurs, des cannes à sucre [1], puis équipe son *banga* : un lit, une table, une chaise, une ampoule (à piles, le plus souvent), un radiocassette et des simulacres divers (faux téléphone, faux ventilateur, etc.). L'intérieur est calfeutré avec le *lamb* [2] de

1. Quand on sort de l'enfance, on apprécie les sucreries !

2. Pièce de tissu dont se drapent les femmes comoriennes.

la mère ou de la sœur. Le jeune tapisse les murs de photos, du monde moderne occidental, mais aussi du monde traditionnel (de La Mecque, par exemple), sans oublier celles de Bob Marley. Leur accumulation dresse le catalogue de tous les possibles, de tous les exotismes, et incite à la rêverie sur l'au-delà de l'île, l'au-delà de l'eau. L'inévitable valise dans un coin de la pièce témoigne que ce moment est un voyage, un passage entre l'enfance et l'âge adulte. Cette valise accompagne les allers et retours chez la mère, mais témoigne aussi du fait que le jeune est prêt à partir pour vivre chez la fille qu'il aura « attrapée » dans ce *banga*.

Ce moment d'entre-deux s'apparente à un rite initiatique qui n'est pas limité dans le temps (de l'âge de 8-12 ans à celui de 20-25 ans). C'est un moment de légèreté, d'insouciance, entre l'enfance et l'âge adulte. Les anthropologues appellent cette période de la vie « *banga-banga* » : elle restera ancrée dans la mémoire de chaque Mahorais comme une bulle de bonheur.

C'est une époque de liberté à la fois sociale (en dehors du regard des parents), sexuelle (avec les relations « cachées avec des petites amies ») et de création (avec la possibilité de laisser libre cours à une efflorescence tant au niveau de la décoration, de l'aménagement, qu'au niveau du jardin, sans oublier l'ambiance sonore... ce qui contraste avec le mode de vie et l'habitat traditionnel qui sont plutôt sobres). C'est également une période plus individualiste, en dehors des règles sociales assez strictes de cette société où prime le collectif.

Les *bangas* sont souvent regroupés à la périphérie du village, où s'organise une vie communautaire dont les membres sont solidaires, avec un chef qui les représente au niveau du village. Ces quartiers *mabanga* sont baptisés avec fantaisie : *Tsiscabar* « pas de discussion » (à Ouangani), ou encore *Beyrout, Irak*, glanant dans l'actualité les lieux en ébullition comme ils le sont eux-mêmes, malgré leur apparence tranquille. Construire sa cabane, puis y vivre, est le rêve de tous les enfants : à Mayotte ils le réalisent. C'est un espace potentiel matérialisé, qui aide à avoir envie de grandir sans rien rater de l'enfance. Les petits *wamuzungu* regardent cela avec convoitise, partagés entre l'envie de confort et le désir de liberté. Ils sont cependant ambivalents : fascinés, mais aussi inquiets, car ils sentent que c'est la fin de quelque chose, que ça ne sera plus jamais comme avant. Le *banga* est une sorte d'enveloppe, une coquille qu'il faudra abandonner avant de naître à la vie adulte et aller vivre chez la femme que l'on aura choisie.

On dit en shimaoré que l'on « pénètre » dans la maison de sa future femme [1]. Cette femme, on l'aura peut-être attrapée dans le piège à fille

1. *N'guya pani* : pénétration, intromission dans une maison jeune, vierge.

qu'est le *banga* : une souricière en quelque sorte. La souricière, c'est aussi l'enfermement dans une bulle : le refus de grandir, le désir de s'éterniser entre l'enfance et l'âge adulte. Mais le *banga* est éphémère et doit le rester. Il est en effet mal vu d'y demeurer passé un certain âge. Il arrive pourtant que l'homme y retourne à certains moments de sa vie, lors d'un divorce par exemple.

Le voyage initiatique du banga

J'ai souvent noté que les adolescents qui présentaient des troubles psychotiques aigus[1] n'avaient pas eu leur période *banga-banga*. Ainsi, Ali, vingt et un ans, jeune instituteur du centre de l'île, présentait un délire mélancoliforme, écrasé par le poids des responsabilités familiales depuis le décès de son père trois ans plus tôt. Son état s'est amélioré dès que la famille, sur les conseils du *fundi*, l'a installé dans son *banga* à lui tout seul, « sa bulle » à l'écart de ses proches. Un autre exemple est celui de « Ben Laden », surnommé ainsi parce qu'il

1. La folie, au sens propre du terme : *massera*, une folie non contrôlée. Selon les croyances à Mayotte, ces troubles seraient dus au *shetwane* (Satan, en arabe), avec lequel on ne peut pas faire alliance (et qu'il faut exorciser), à ne pas confondre avec les crises de possession par les *djinns*, esprits avec lesquels on peut faire alliance (adorcisme) après les avoir identifiés lors de rituels spécifiques.

s'était réfugié dans l'intégrisme où il a peut-être « colmaté » sa psychose. Lui non plus n'avait pas eu sa bulle, sa période *banga-banga*.

Ben Laden

J'ai rencontré Ben Laden, vingt-deux ans, aux urgences de l'hôpital de Mamoudzou peu de temps après mon arrivée à Mayotte. Il avait mordu quatre gendarmes dans un contexte d'agitation délirante, mû par la volonté de soutenir l'action des islamistes qui venaient de frapper les Twin Towers quelques jours plus tôt. Allongé sur un brancard, Ben Laden est tourné contre le mur. Il a passé la nuit dans cette position, ligoté sommairement. Il est maintenant détaché, calmé par une injection de neuroleptique. Des marques aux poignets témoignent de l'intensité de la lutte. Son père, silencieux, veille sur lui. Visiblement inquiet, il semble n'avoir pas dormi depuis longtemps. C'est un « bon » musulman qui ne comprend pas l'extrémisme de son fils.

Tout a commencé après son séjour à la Réunion, deux ans plus tôt. À cette époque, Ben Laden avait fait une bouffée délirante ayant nécessité son hospitalisation en milieu spécialisé. C'est ce que demande le médecin du dispensaire de son village qui nous l'adresse. Ben Laden refuse de me serrer la main et de me parler car je suis pour lui « un infidèle : la Guerre Sainte est déclarée »... Il est halluciné : des voix lui disent qu'il est « l'allié de Ben Laden [le vrai] ». Il est cependant tranquille et accepte quelques jours d'hospitalisation dans une chambre d'isolement à l'hôpital de Mamoudzou. Sa famille restera à proximité, comme cela se fait fréquemment à Mayotte. Durant les entretiens, Ben Laden est presque mutique, sans pour autant faire preuve de négativisme. Il sortira trois jours après avec un traitement par neuroleptique retard.

Je le revois comme prévu deux semaines plus tard au dispensaire de secteur où je lui ai donné rendez-vous. Arrivé en retard, j'apprends que Ben Laden est parti, fâché, après m'avoir attendu une demi-heure. Il est maintenant midi, l'heure de la deuxième prière, *Adour,* à la mosquée. Je décide avec l'éducatrice de santé de me rendre chez lui. Il n'a pas de *banga* et vit encore avec sa sœur chez ses parents. La maison est vide. Nous nous asseyons au milieu des poules et des chèvres. En toile de fond, le lagon. Le chant du *muezzin* nous tire vers l'ailleurs.

Ben Laden arrive une heure plus tard. Au bout du petit chemin de latérite qui monte vers sa maison, nous l'apercevons précédé de sa mère. Il est tout de blanc vêtu et porte un turban palestinien sur la tête. Nous voyant, il sourit, content et surtout rassuré que nous ayons tenu parole. Tranquille, il nous offre un verre d'eau après nous avoir fait visiter la pièce qu'il occupe. Je lui fais remarquer qu'il n'a pas de *banga*. Il me répond que, pour le moment, il préfère habiter une maison « en dur » à côté de sa mère. Il a un peu de duvet au menton : son statut de musulman intégriste l'y oblige. Il paraît plus jeune ici qu'aux urgences de Mamoudzou, me fait penser à un poussin tombé du nid... Il rit carrément aux éclats quand je lui dis qu'on l'appelle Ben Laden. Cela ne le choque pas, car dans son village on lui a également donné ce surnom. Cela semble lui faire plaisir. Je lui demande s'il se souvient de son épisode délirant. Il regrette ce moment de violence, mais défend ses positions. Il dit qu'il s'inquiète de tous les changements actuels à Mayotte et qu'il n'a pas envie de voir son île devenir comme la Réunion ou la métropole, « avec le matériel, la modernité... Ce n'est pas une crise de folie que j'ai faite, c'est une prise de conscience. Et nous, les intégristes, luttons contre tout cela ».

Ben Laden n'est plus délirant, ni halluciné, et sa mère trouve qu'il va bien. Je lui fais remarquer qu'il pourrait facilement être manipulé par des terroristes et lui parle des années 1970, en métropole, époque de ma propre révolte contre le système. Je me reconnais dans ses interrogations. Je lui en fais part. Je sens que mon propos résonne en lui et que je touche la corde sensible. Je sais bien (et ce n'est pas mon but) que je ne peux pas le faire changer d'avis, mais je lui précise que, même à la mosquée avec ses frères musulmans, s'il va mal sur le plan psychique, on le mettra à l'écart. Il accepte cette fois avec plaisir de venir me consulter un mois plus tard.

Je reverrai Ben Laden deux ou trois fois, d'abord seul, puis avec un jeune de son âge. J'apprendrai qu'il a été abusé sexuellement par un oncle quand il était enfant, mais qu'il ne veut pas porter plainte. La dernière fois, on m'a dit qu'il était reparti avec son ami dans l'école coranique qu'il fréquentait à la Réunion. Je le reverrai sûrement dans son village. *Inch Allah* et qui sait, peut-être dans son *banga*.

Les jeunes Mahorais peuvent entrer dans la psychose lorsqu'ils s'expatrient, le plus souvent après le bac, quand ils partent faire des études en France métropolitaine ou, pour ceux qui n'ont pas de papiers français, dans les pays arabes. Ce voyage, initiatique pour les sujets déjà fortifiés par la période *banga-banga*, peut s'avérer pathogène pour les autres, qui n'ont pas fait l'expérience de séparation, d'autonomisation de la case d'adolescent. Il y a aussi ceux qui vont à La Mecque sur les traces de leurs parents *mahadj* (ayant fait le pèlerinage) et qui décompensent là-bas, équivalent pour les musulmans du syndrome de Jérusalem (des chrétiens). Ainsi, chaque culture désigne à ses membres une destination où il est plus facile de « vaciller » qu'ailleurs ! Florence, Jérusalem et l'Inde pour les Occidentaux[1] ; Paris pour les Japonais ; la France métropolitaine et La Mecque pour les jeunes Mahorais. Dans tous les cas, ceux qui ont vécu la période initiatique du *banga* en ressortent mieux armés pour affronter le monde et ses contraintes.

Le Maki

Vers la même époque, j'ai rencontré un adolescent de quinze ans que j'ai appelé « le Maki », du nom des lémuriens de Mayotte (*Eulemur Fulvus Fulvus*), car il était enfermé dans la chambre d'isolement du service de médecine et bondissait dans sa « cage » tout en poussant des grognements qui ressemblaient à ceux des makis. Ce tableau de bouffée délirante aiguë a duré dix jours malgré une intense imprégnation neuroleptique, puis a brutalement cédé après une série d'entretiens avec la famille au cours desquels le Maki n'a fait qu'écouter en grognant.

Cet adolescent était arrivé en catastrophe d'Anjouan pour se soigner. Quand on lui avait annoncé qu'il avait un diabète insulinodépendant

1. Pour plus d'informations sur la psychopathologie du voyage, voir Régis Airault, *Fous de l'Inde. Délires d'Occidentaux et sentiment océanique*, Paris, Payot, 2000 ; rééd. coll. « Petite Bibliothèque Payot », 2002.

et qu'il devrait suivre un traitement à vie, il avait commencé à délirer. Les troubles furent d'abord mis sur le compte d'un syndrome confusionnel. Le Maki n'a cependant jamais été désorienté, ni dans le temps ni dans l'espace. Il n'y avait pas d'insuffisance rénale et l'urémie, dont l'élévation peut entraîner ce type de troubles, était normale.

Dans son délire, le Maki se sentait persécuté : il pensait qu'on l'avait mis en prison (il était en situation irrégulière). Il faut dire que la cellule d'isolement est bien « sécurisée[1] », comme on dit à Mayotte : des barreaux aux fenêtres, et une allure de geôle. Halluciné, le Maki cherchait sous le lit, sous les draps, l'origine de bruits (des voix ?) auxquels il répondait par des grognements. Jamais il n'a été agressif, mais son état d'agitation permanent a mobilisé et épuisé l'équipe du service de médecine pendant la durée de l'hospitalisation.

J'ai régulièrement des nouvelles de lui par le médecin du dispensaire qui a stoppé tout traitement neuroleptique quelques semaines après sa sortie de l'hôpital. Le Maki va bien et habite son

1. Est sécurisée une maison protégée contre le vol avec au minimum : des barreaux aux fenêtres, de diamètre suffisant pour ne pas être écartés à l'aide d'un cric de voiture ; des serrures et des gonds résistants aux coupe-boulons ; un gardien présent jour et nuit ; un chien, de préférence une meute de chiens, lâchés dans le jardin (un seul chien pouvant facilement être empoisonné).

banga (auparavant il vivait dans la maison maternelle), ne présentant plus de troubles de la lignée psychotique.

Il est assez fréquent, lors d'épisodes délirants ou de possession, que le patient émette des grognements de maki. J'ai pu le constater chez les hommes, mais aussi, surtout, chez les femmes. Cependant, les possessions par les *djinns*, contrairement aux tableaux ayant l'allure d'une bouffée délirante aiguë, sont limitées dans le temps (quelques heures ou jours). Ce sont des moments de délires « contrôlés », bien tolérés par les proches qui savent que leurs parents sont « agités » par des esprits qui les prennent comme monture[1] et que, à condition de faire alliance avec le *djinn*, la crise passera.

Prophète Insa

Un jeune homme de dix-huit ans, en plein délire mystique, se prenait pour Insa, le fameux prophète : excité, logorrhéique, il courait partout en expliquant que son père n'était pas son père, sa mère n'était pas sa mère, et lui-même était le

1. « Chaise », dit-on à Mayotte.

prophète. Dieu lui envoyait des messages et il avait pour mission de parler aux gens du Coran. Prophète Insa, comme je l'avais naturellement surnommé, habitait le village de Chiconi, dans le sud de l'île. Il m'était adressé par le Dr P., du dispensaire de ce village. « Je suis le loup, je vais te manger », me dit-il dans un bon français lors de notre premier entretien. « Le Dr P. veut me tuer », se met-il ensuite à crier à tue-tête au milieu de la consultation de maternité. La trentaine de femmes mahoraises enceintes étendues par terre, impassibles, le laissent faire tout en l'observant du coin de l'œil. Il revient dans le bureau en enjambant tous ces corps accablés par la chaleur. Nous sommes en pleine saison des pluies. Silence. « Je discute avec ton corps », me lance-t-il. Son oncle qui l'accompagne profite de l'occasion pour expliquer que la famille s'épuise et a peur, car il devient agressif. Pendant l'entretien, Prophète Insa écoute, puis il se remet à chanter et à délirer : « Docteur, vous avez tué votre fils de quatre ans dans la piscine. Je suis le Prophète Insa, j'ai des pouvoirs de divination. » En tirant le fil associatif, j'apprends qu'il va mal depuis le décès par noyade de son frère de treize ans, un an et demi auparavant. Il avait alors fait un épisode similaire. Depuis, il s'était stabilisé et avait repris sa formation de peintre en bâtiments au lycée professionnel. En raison de l'absence de lits à l'hôpital, décision est prise de le maintenir dans sa famille avec un traitement antimaniaque qu'il accepte de prendre, puis de le revoir après le week-end. Je conseille à ses proches de consulter également un *fundi* pour effectuer les rituels de circonstance.

Le lendemain midi, alors que je déjeune chez moi avec des amis, je bondis subitement de la table et plonge tout habillé dans la piscine, devant mes invités interloqués. Hortense, ma fille de quatre ans, est en effet en train de se noyer sous nos yeux : ses bouées se sont dégonflées et elle a coulé à pic. Trempé ; mais heureux de ma présence d'esprit, je repense à la prophétie de mon patient – délire, vision ? Je décide de lui en parler dès notre prochain entretien, deux jours plus tard.

Prophète Insa est ponctuel, debout au milieu des femmes enceintes qui reprennent leur semaine de consultations. Il est plus calme car il a pu dormir (sa famille aussi...), ce qui n'avait pas été le cas depuis une semaine. Confiant, il se livre facilement, tout en poursuivant son délire habituel, ponctué de chants et de « Je suis le Prophète Insa ». Sur le ton de la plaisanterie, je lui relate ma mésaventure, qui ne semble pas l'émouvoir outre mesure. Il enchaîne en accusant les religieux d'avoir tué son frère.

Je le revois ainsi tous les deux jours, l'accompagnant dans ses délires et répondant aux interrogations de la famille. Il tient néanmoins le cadre des consultations et semble content de venir. Il a par ailleurs rendez-vous avec un *fundi* qui doit lui faire des fumigations[1].

La semaine suivante, Prophète Insa va nettement mieux. Il est toujours délirant, mais calme. Nous abordons de nouveau l'histoire de la piscine, puis le décès par noyade de son frère. « J'ai peur du volcan », me dit-il, avant de m'expliquer, les larmes aux yeux, qu'il se sent coupable de la mort de son frère. « Je fumais du *banghé* [l'herbe locale] avec des copains, alors que mon frère m'avait demandé d'aller avec lui à la plage. C'est de ma faute. Si j'avais été là, il ne serait pas mort. »

J'ai revu ensuite Prophète Insa à plusieurs reprises, alternativement dans son dispensaire de secteur et à l'hôpital. « Tout va bien : je suis mes cours et je vais à la mosquée une fois par jour. Depuis cette histoire, tout le village m'appelle Prophète Insa, mais je ne suis pas un prophète. C'est parce que j'avais fumé du *banghé.* »

Aujourd'hui, au dispensaire de Chiconi, il semble sûr de lui. Et quand je lui demande : « Comment ça va, Prophète Insa ? », il me répond que ce n'est pas son nom, qu'il a une copine et qu'elle l'appelle maintenant Chtouka. Elle l'aide ainsi à tourner une page de sa vie.

---

1. Les fumigations de plantes malodorantes dans une marmite d'eau bouillante sont utilisées pour faire fuir les *shetwanes*, les diables.

Une écoute de *muzungu* peut donc avoir une efficacité thérapeutique sur de jeunes patients mahorais à la charnière de deux cultures : traditionnelle, rurale et musulmane d'un côté, « moderne », citadine et rationaliste de l'autre. Leur « crise » est symptomatique du malaise éprouvé par leurs pairs et peut s'exprimer de plusieurs manières. Crise d'identité face à un monde en pleine mutation et au changement trop rapide du paysage (social et territorial) de l'île en quelques années. Le repli vers l'extrémisme islamiste, catalysé par Ben Laden (le vrai), qui a mis en acte le fantasme de l'attaque de front, est alors repris à son compte par un jeune Mahorais aurait pu, s'il avait été un jeune Européen dans les années 1970, glisser vers « l'action directe ». On ne peut nier une possible pathologie psychiatrique sous-jacente ayant pris ce biais pour s'exprimer, mais seul l'avenir pourra confirmer un diagnostic de psychose.

Crises dues à l'exil, à la confrontation avec un autre monde, en situation irrégulière clandestine et « coupable » sur l'île, comme le Maki qui semble avoir été rassuré par le fait que je lui aie dit que, confronté à la mort (diabète insulinodépendant non soigné sur son île d'Anjouan), il n'avait pas d'autre choix que de « venir risquer sa vie » à Mayotte.

Crise mystique : pour échapper à la culpabilité de n'avoir pas été présent lors de la mort de son frère cadet, le Prophète Insa entre en contact avec Dieu et tente ainsi d'échapper à sa filiation, mais rattrapé par l'amour il renonce peut-être à une grande carrière divinatoire.

Notre rôle dans le paysage thérapeutique de Mayotte (*fundis*, médecins, religieux et psychiatres) est certes modeste, mais il semble indispensable pour permettre d'intégrer la réalité parfois rude et cruelle d'une modernité dont nous sommes à la fois les victimes et les acteurs. Si nous avons mis plusieurs générations à digérer cette modernité, il ne faut pas oublier qu'ici, à Mayotte, tout s'est accéléré en l'espace de quelques années seulement.

Les bangas du mont Choungui

La partie sud de Mayotte est dominée par une espèce de pain de sucre en forme de sein géant tendu vers le ciel : le mont Choungui. Pour en atteindre le sommet, le chemin est si abrupt que l'on doit s'agripper aux racines des arbres. Au pied de cette étrange montagne sacrée, un groupe de *bangas* s'étire depuis la périphérie du village jusqu'à la lisière de la forêt primaire.

Un peu plus loin, un creux de torrent sert de salle de bains à ces adolescents qui bravent les esprits et tentent d'attirer les filles. Musique à fond : ici, ils ne gênent pas les voisins, ils regardent tranquillement pousser les bananes et passer les années de leur adolescence.

Le *banga* de Stanley est le dernier avant la rivière. Une petite barrière en bois délimite un jardin en friche. Sur la façade de latérite est inscrit à la peinture noire « Ministère des Affaires impossibles ». La musique est forte, MC Solar repasse en boucle. Stanley bricole un système électrique, démêlant depuis des heures une pelote de fil de cuivre de récupération qui envahit son bureau où s'entassent des manuels scolaires. Il est en 1re S et, avec délectation, profite de la vie dans cet espace de liberté. Il sait la chance qu'il a de posséder un *banga*, et règne sur son territoire, prolongement de l'enfance, comme le Petit Prince devenu enfin roi. Les cabanes enchantées que sont les *bangas* sont souvent appelées « Château » par leur jeunes propriétaires : Château-piège, Château branlant, Palais de l'an 2000, Château brillant, Château perdu, Panama Palace, La Maison blanche, La Cabane enchantée, Air plaisir, Refuge, Banga énergie, Banga Éden...

À côté de cette appellation, les idées fusent en vrac : « Chez Chic Norris, gardien de but de Piment Vert » (l'équipe de foot locale), « Chez Omar c'est château la chance », « Chérie je t'aime », « Vive les amours », « Je suis un mercenaire de l'amour sans pitié », « La vie célibataire est une vie superbe », « L'amour tient à un fil », « Bienvenue au château Maziki », « T'aimé c'est facile te le dire c'est difficile », « La vie sans amour c'est comme un slip sans lastic ».

La case pour adolescent est une projection matérielle de l'espace potentiel [1], cet entre-deux qui, dans la plupart des cultures, n'a pas de matérialité propre. À Mayotte, l'étonnant est non seulement qu'il est construit en dur, mais aussi que la durée de ce passage initiatique qui, en Afrique, se déroule le plus souvent sur quelques jours ou semaines, s'étale ici sur plusieurs années. Ce lieu, à la fois psychique et matériel, est une nécessité pour les adolescents, quelle que soit leur culture. Si on ne leur fait pas cette place, ils la prennent.

Ainsi, à Paris, je me suis intéressé aux formes que cet espace peut prendre chez les jeunes, soit qu'ils s'enferment dans les conduites addictives, soit qu'ils choisissent d'autres voies plus positives comme le jeu, la créativité ou la culture.

La création musicale, picturale ou autre permet d'être dans un ailleurs, tout en étant avec les autres. J'ai participé dans les années 1990, à Paris, à l'élaboration et aux expériences des squats artistiques dont les aspects picturaux

---

1. Entre notre réalité intérieure et la réalité extérieure, il existe un espace intermédiaire décrit par Winnicott : l'espace potentiel. Ce lieu transitionnel permet d'atténuer le choc entre notre intériorité et l'extériorité. Il nous aide à accepter petit à petit la réalité telle qu'elle est, tout en y projetant nos désirs et nos fantasmes.

m'ont fait penser à ce que nous retrouvons projeté sur les murs des *bangas*. C'était soit disant à l'époque l'avant-garde artistique. En fait, on n'avait rien inventé : cette dynamique, cette énergie existait depuis longtemps déjà à Mayotte. Mais c'est tout de même une performance que de construire sa cabane [1] en plein Paris, avec vue non pas sur le lagon, mais sur la Seine. Les noms de cette cinquantaine de lieux qui ont fleuri dans la capitale étaient souvent empruntés à la rue où se situaient les bâtiments promis à la démolition : Pelleport, Pothin, Couvent des Récollets, Rue de l'Est, Clavel, Passage du Bail, L'Œil du Cyclone, etc.

J'ai essayé, en arrivant à Mayotte, de lancer le concept de *bangas* thérapeutiques pour parler des hospitalisations dans les dispensaires de brousse (des sortes d'espaces de crise afin d'éviter les admissions dans un service de médecine déjà saturé). J'ai vite changé de terme pour celui de « lits-portes » de proximité, qui fait plus chic. Car si les Mahorais sont très attachés, dans leur intimité (personnelle et culturelle), à leur période *banga-banga*, dès que l'on parle de *banga* en public, on affronte une levée de bouclier. Pour certains, en effet, il est aussi synonyme de cabane, de bidonville de sous-développement : les clandestins des îles voisines construisent leurs

1. Gratuite, comme le *banga*.

bangas à flanc de colline. C'est comme s'il y avait incompatibilité pour les Mahorais entre *banga* et âge adulte. C'est peut-être aussi que nous sommes dans une période d'entre-deux, avec le désir de vouloir enfin bâtir « en dur » la société mahoraise et d'accéder au confort moderne. Les adultes ont tendance à oublier l'âge d'or où ils se prenaient pour Peter Pan[1]...

En créant la « maison du jouir », Gauguin construit son *banga*. Les Ministères des Affaires impossible, les Château-pièges, les Château-plaisir, ces maisons du jouir que l'on rencontre à la périphérie des villages mahorais, l'auraient enchanté. Car le *banga* rend heureux : il transporte dans une autre temporalité. Il va sans dire que cette richesse traditionnelle ne doit pas disparaître, comme le prédisent certains oiseaux de mauvais augure. Face à la modernité, les *bangas* refleurissent un peu partout dans la campagne[2],

1. Dans *Capitaine Hook*, le film de Spielberg, Peter Pan, devenu adulte, doit retourner dans l'île du Jamais-Jamais, mais comme il ne se souvient de rien, il est obligé de réapprendre à faire appel à son imagination.

2. Voir J. Cassagnaud, « Le *banga*, expression d'un rite de passage », *Études Océan Indien*, n° 33-34, février 2003, p. 197-213 ; et S. Bouffart-Klein, « Les "Madjinni" à Mayotte », *ibid.*, p. 221-241.

et l'on note une recrudescence des « tam-tam diables », les cérémonies des *djinns*. Même dans les nouvelles architectures « modernes », on voit pousser au sein de l'enclos du *shandza* un espace consacré à l'adolescent : le *banga* resurgit, même s'il n'est parfois plus en pisé, mais en tôles décorées : le « *banga* double tôle ». Ce n'est pas une lubie mahoraise : cet espace, encore une fois, correspond à une nécessité chez le jeune humain ; c'est un lieu psychique qui prend forme. On peut renoncer à certaines traditions, il est beaucoup plus difficile de faire le deuil de la liberté. SFR ne s'y trompe pas : j'ai vu à la télé mahoraise (RFO) une publicité pour les portables dans laquelle un jeune appelle sa copine depuis son *banga* en pisé perdu dans la forêt, et sur la façade duquel SFR vient s'inscrire en dessous de « Paradis d'amour ».

Partout dans Mayotte, au coin de chaque village, il y aura toujours un adolescent penché à sa fenêtre, la radio à fond, qui sera fier de vous accueillir dans son « Château Banga » à lui. Si vous le croisez sur votre chemin de vie, n'hésitez pas : entrez, après que les formules de politesse aient été dites : « *Hodi*, je peux ? – *Caribou*, bienvenue. »

Rave de bulles

Le phénomène des raves, ces transes collectives apparues à la fin des années 1980 et issues de l'idéologie hippie, qui posait comme postulat que la fête est le ciment du collectif, a remis la transe au goût du jour. Ces bulles festives, moments d'extase collective teintés de néotribalisme, font encore bouger le pouvoir qui voit en elles de la subversion. Échappant au système (du moins au début), insaisissables, les raves s'inscrivaient dans un mouvement de révolte, d'échappée imaginaire sur des lieux désaffectés à l'écart du monde, le plus loin possible de la civilisation, ou bien au cœur même des structures urbaines industrielles, voire au sein de... l'hôpital Sainte-Anne à Paris [1]. D'abord gratuites, elles ont été progressivement noyautées par des organisateurs qui ne voyaient là que leurs intérêts financiers. Comme toutes les mouvances précédentes (rock, techno, et même jazz), la rave est sous le feu de la critique d'un pouvoir qui n'en voit que les aspects négatifs (drogue, etc.) alors que cette musique a envahi tout le champ social (clubs, boîtes, supermarchés) et a perdu la tonalité subversive de ses débuts. C'est néanmoins une véritable pause, coupure dans la vie des ravers qui leur permet de supporter le quotidien.

1. Rave Mélichart et Transbody Express en 1991.

En Afrique, il y a longtemps que ce genre d'extase collective permet de communiquer avec les esprits. Tout comme les ravers, les *djinns* précisent au dernier moment le lieu où ils vont se manifester. Le *flyer* n'existe pas, tradition orale oblige. La fête débute comme pour les raves, tard la nuit, dans un lieu seulement connu des initiés, et se poursuit jusqu'au petit matin. Un décret de loi est sur le point de sortir à Mayotte interdisant toute manifestation sans autorisation préalable et avec obligation de ne pas dépasser 4 heures du matin. Il va falloir expliquer tout cela aux *djinns* !

Le *patros* dont je vais maintenant parler est une cérémonie « courte » de guérison qui se déroule l'après-midi et à la tombée de la nuit. Elle annonce une autre cérémonie, plus importante, au cours de laquelle le *djinn* du patient se nommera et exprimera ses désirs au lever du soleil. L'alliance « thérapeutique » entre l'homme et l'esprit qui le possède pourra alors commencer.

Patros

Le son des tambours donne des allures de jungle à cette petite rue habituellement calme de Pamandzi. Au fond : la nature. Devant : la route, quelques tôles, un banc, un petit magasin (coca, cigarettes). Au milieu, l'ethnologue Sophie Bouffart, un bébé dans les bras, me fait un signe de la main. On pénètre dans l'enclos d'une maison en parpaing : deux pièces, une véranda, un toit plat hérissé de fers à béton dans l'attente d'un autre étage – « les antennes de l'espoir », plaisantait un ami philosophe. La cour en terre battue est envahie par des femmes habillées de rouge, un turban dans les cheveux. « Des possédées », me confie Sophie.

Elle me présente le maître de cérémonie qui vient chaleureusement me serrer la main. « Il te dit bonjour, c'est le *fundi*, mais ce n'est pas lui qui te salue, c'est son *djinn*. Il faut demander l'accord de l'esprit pour participer à la cérémonie... » On peut entrer ? D'accord, pas de problème. Ici c'est l'Afrique, rien n'est simple, mais rien n'est compliqué : il suffit de demander.

Notre hôte est jeune, environ vingt-cinq ans, gentil, un peu étrange, mais rien n'indique qu'il est possédé, comparé à ces deux vieilles, une canne au pommeau de cuivre brandi au dessus d'elles comme « symbole de pouvoir ». Le rythme des tambours s'accélère. Leurs yeux se tournent soudain vers le ciel ; un sourire figé aux lèvres, l'air hébété : c'est la transe.

Sophie n'hésite pas à traverser l'assemblée où circulent les bouteilles de Pompéïa, l'eau de Cologne des *djinns*, pas si bon marché que ça : 7 euros le petit flacon, 12 euros le moyen, 20 euros le grand, familial. On les décapsule d'un coup de dent, on se badigeonne les mains, le visage, et on boit quelques longues goulées.

Il faut attirer les *djinns* avec du parfum, mais aussi avec leurs mets préférés.

Des vapeurs d'encens s'échappent mystérieusement de l'intérieur de la maison. Cinq parpaings permettent d'accéder à une petite salle au fond de laquelle sont entassés une trentaine de gâteaux de riz d'au moins cinq kilos chacun. Calcinés à l'extérieur, bien cuits à l'intérieur, ils sont empilés comme des grandes roues de fromage : c'est la nourriture des *djinns*. Au sol, une grande marmite de pop-corn et des bonbons pour les *djinns* « enfantins ». Sur une table, des installations d'assiettes en carton remplies de sucre en poudre où sont enfoncés trois œufs, et une grosse marmite de poulets bouillis avec la tête et les pattes : « Les *djinns* aiment ça, les pattes [1]. » Ils aiment aussi les œufs crus et le sang : ici, du sang de poulet coagulé avec quelques plumes dans trois assiettes en carton. On cache les miroirs : les *djinns* n'aiment pas les miroirs.

Sur une natte disposée au milieu de la pièce, des femmes s'agitent soudain. Certaines sont prises de violents soubresauts. Crise d'épilepsie ? non, « elles changent de *djinn* », ça fait mal : elles pleurent, grimacent et se tortillent ; « le *djinn* pénètre ». Plus précisément, il les « monte », puis se présente : nom, lieu, lignée.

---

1. Un peu comme les enfants aiment les fraises Tagada !

Il faut changer de vêtement pour montrer qu'on a changé de *djinn* : les voici en blanc. Tous sont des *djinns* hommes. On le voit au turban rouge que les femmes ont dans les cheveux. Les *djinns* femmes, plus rares, sont repérables au voile rouge que portent les possédés : deux personnes dans l'assemblée au maximum. Plus timides, les *djinns* femelles...

Une vieille *fundi*, impassible dans son fauteuil de sky années 1950, surveille du coin de l'œil une dame d'une quarantaine d'années qui vient de voler un œuf sur la table puis le cache dans son soutien-gorge dans le plus pur style *comedia del arte*. « Elle est possédée par un *djinn* farceur et voleur », me précise Sophie, qui n'en perd pas une miette. Une autre joue à la petite fille, parle comme un bébé et pleure pour avoir des bonbons : « Un *djinn* enfant, celui-là », me crie-t-elle dans l'oreille – dehors, les tambours battent de plus belle.

La nuit commence à tomber : des petits poulets avec des crêtes de punks essaient de tenir en équilibre sur le bord des grillages pour regagner les hautes branches d'un manguier. Au milieu de la foule constituée principalement de femmes, un homme s'agite en levant les yeux au ciel. Il porte un tee-shirt flambant neuf avec inscrit en gros « Jacques Chirac » sur le devant, et « Sécurité » dans le dos. Drôle de *djinn* !

L'ambiance est chaleureuse. Les femmes n'hésitent pas à me sourire et me font des clins d'œil. Les flacons de Pompéïa circulent, à moitié vides. Le bleu des fioles d'eau de rose, autre boisson appréciée des *djinns*, fait des taches dans l'assemblée rouge et blanche. Rites de possession dans une lointaine province française...

« Les raves sont dorénavant contraires à la loi », débitait sur un ton monocorde le *speaker* de RFO alors que je descendais tout à l'heure du taxi. « Ben Laden toujours introuvable... Les forces alliées bombardent Kaboul... » La musique des tambours m'avait vite fait oublier ces tranches d'informations volées à l'ailleurs, là-bas, l'Occident et l'Europe. Le temps coule tranquille dans ce pays à 98 % musulman (et animiste) où ne sera bientôt plus possible d'inscrire deux femmes sur sa fiche d'impôt, comme c'était le cas jusque-là [1]. À cinq cents mètres, les studios de RFO diffusent le programme sucré de Radio-Mayotte. Mon coca est terminé ; je retourne à la fête.

Là-bas, ça se bouscule en rythme : les vieilles sont en extase, les yeux toujours tournés vers le ciel. Elles rient. Elles sont belles et gaies, on dirait de vieilles Apaches. Impression de déjà-vu – effacement d'une tradition. Je pense aux *Immémoriaux* de Victor Segalen. Suis-je en train de vivre les derniers instants d'une culture ? Ne suis-je pas l'instrument du progrès : mondialisa-

1. La polygamie sera interdite à Mayotte en 2005.

teur, destructeur et donneur de leçons ? Insensible au sensible des hommes ? Retour à la réalité : le rythme des percussions me prend aux tripes ; le batteur s'agite, une vieille tong dans la main droite : il bat le tempo. À côté de lui, son acolyte frappe avec frénésie sur une plaque de four rouillée où est scotchée une étiquette ADP (Aéroports de Paris). « Il revient de Marseille pour un rituel, déclare Sophie en me tendant un œuf dur. Ça fait vingt ans qu'il fait ça. »

Je m'appuie sur le mur et éteins malencontreusement la lumière : cris, rires dans la foule. Les *wamuzungus* n'ont peut-être pas de *djinns*, mais ils font des bêtises... Une vieille dame en sueur m'embrasse, une autre se gave de sang coagulé puis lèche goulûment l'assiette en carton : le *djinn* avait faim. Celle-là ne me voit pas : elle a le regard perdu dans le vague et avance, les yeux exorbités. Quatre ou cinq personnes sont accroupies sur la natte. L'encens enfume la pièce. C'est la détranse : l'esprit va quitter le corps de la possédée.

La « goulue » tombe à terre. On la retient, on la soutient : le *djinn* sort, ça fait mal. Il faut défaire ses nattes et enlever les attributs. C'est visiblement douloureux. On masse la « possédée » aux articulations, puis on se passe de main en main un broc d'eau bleu Klein. On lui en file une giclée sur le visage. Ça y est, le *djinn* est sorti ! Non il revient, c'est un autre. Retranse, détranse, ça crie dans tous les coins.

Le *djinn* enfant s'énerve : il n'a toujours pas eu de bonbons. Il chouine. Sophie m'explique : « Il est jaloux, car sa copine en a eu trois. » Allures de psychodrame : la femme « petite fille » pleure à chaudes larmes. Un vieux monsieur soutient un jeune homme qui lui aussi est en pleurs : ça rit, ça crie, ça se transforme. Ma présence ne les gêne pas. « Fais attention, tu vas attraper un *djinn* si tu t'approches trop », me lance mon voisin. Une femme au visage bariolé du masque de santal se dispute avec une possédée qui veut absolument l'enduire de Pompéïa : « Elle ne veut pas attraper un *djinn* ; le parfum, ça les attire... » Le ton monte, cris, puis elle s'éloigne en râlant. La possédée reprend la transe : la fête bat son plein.

Tiens, voilà un nouveau : Arthur, la trentaine, habillé de rouge lui aussi. Je le reconnais, il était sur une cassette vidéo qui traitait de la santé mentale à Mayotte. Nous l'avions visionnée la semaine dernière avec toute l'équipe dans le bureau du directeur de RFO. À Petite Terre, on l'aime bien, Arthur : c'est le trisomique du coin. Il est là, il fait sa vie et ne gêne personne. Il a sa place. Je comprends mieux la tolérance des Mahorais vis-à-vis de la « crise » aiguë psychiatrique dans l'île : dès leur plus jeune âge, ils assistent aux transes ; la folie ne leur fait pas peur. Ce n'est pas la personne qui va mal, mais l'esprit qui a pris cette personne comme monture qui s'exprime. Ils sont en quelque sorte vaccinés.

Arthur, il veut danser ; pourquoi pas ? On est gentil avec lui, mais il ne peut pas être possédé, lui. Certaines femmes commencent à remplir des sacs en plastique d'œufs, de pop-corn, et d'un demi-morceau du gâteau des *djinns*. Les *djinnis-bags* !

On cherche les pièces de monnaie, puis on les glisse au *fundi* qui ouvre tranquillement son petit porte-monnaie en cuir jaune. Il a un panier à provision rempli de flacons de Pompéïa, qu'il continue de distribuer. C'est sa fête : au diable l'avarice ! Une vieille qui semble être redescendue sur Terre me demande si j'ai une voiture pour la ramener : « Non, je suis en taxi, comme tout le monde. » Retour progressif à la normale. Le jeune homme en tee-shirt « Chirac Sécurité » est maintenant tiré à quatre épingles : pantalon tergal, chemise bien repassée, attaché-case. Il rentre chez lui : sa famille l'attend. Ses *djinns* sont apaisés, repus, pour quelque temps. Il faut faire avec, toute sa vie. On ne s'en débarrasse pas comme ça, même si on est, comme lui, fonctionnaire. Un autre repart dans son 4 × 4 flambant neuf de démoustiqueur de la DASS. Sûrement un *djinn* de service, celui-là...

Peu après, me voilà dans la barge. Silence. Dissolution. Effacement. Impression d'avoir rêvé.

Enfin le bruit des machines et l'odeur du gasoil. Au loin, les lumières de Mamoudzou, avec son allure de station de sport d'hiver en été (sans les remonte-pentes). Les fonctionnaires dorment, tranquilles. Demain, 6 h 30, tout le monde sera au travail. Les *djinns* ? Personne ne croit plus aux « tam-tam diables » : c'est du passé. Pourtant, samedi prochain, on a un autre rendez-vous, et tout le monde y sera. Résistance passive – résistance tout court : les *djinns* en ont vu d'autres, ils savent s'adapter et tous ces changements semblent plutôt les renforcer.

La barge accoste sur le quai : étincelles du métal sur le béton. Réalité rugueuse. Puis vingt minutes de route sous les étoiles avec, comme seul éclairage, le croissant de lune à l'envers, avant de retrouver mes rêves sous moustiquaire.

CONCLUSION

Garder intactes nos capacités d'émerveillement

« Mais papa, c'est sérieux : on joue ! »
Hortense, quatre ans

Paris, 10 heures du matin, dans un café de la place des Vosges. Un vieux monsieur sec à lunettes, avec sa femme, plus jeune, sexy. Lui, du bout des lèvres, sur le ton de la confidence, après avoir lapé une goutte de café : « Je ne supporte pas le gaspillage. Pourquoi as-tu jeté la brosse à dent neuve ? » Elle : « Germain l'avait utilisée pour cirer ses chaussures ! » Pause. Silence. Il finit sa tasse. Puis : « Eh bien, tu la mets dans la machine à laver. » Elle, à voix basse, visiblement excédée : « Excuse-moi, je ne me lave pas les dents avec une brosse à dent qui a servi à cirer des chaussures ! On n'est pas en Afrique... » Posant brutalement le croissant grignoté sur le coin du comptoir, elle ajoute : « Allez, on s'en va ! »

Je voulais faire une pause, me mettre à l'écart du monde, en « jachère psychique ». Un jour, je suis passé à l'acte, j'ai pris le risque. Mais ici, à Mayotte, dans cette île paradisiaque du bout de la France, en plein océan Indien, voilà que je courais encore plus qu'à Paris, cumulant le stress parisien, dont je ne m'étaits pas libéré (ah ! les « vertus » de l'Internet !), et le stress insulaire. De l'Île-de-France à l'île-Éden puis à l'île-bagne...

La bulle de l'île ne s'apprivoise pas en quelques jours ou mois. Du temps doit couler pour voir les bénéfices de la pause, de la mise en ailleurs. Un mois de juin, de retour à Paris, j'ai senti les effets de cette parenthèse qui m'écarte d'une certaine grisaille morale. Même si la mélancolie des îles pendant la longue saison des pluies se substitue au spleen parisien, elle n'affecte pas cette partie du cerveau qui permet de rêver et d'être libre. Non, décidément, rien n'a plus le même goût, un léger décalage s'est opéré, tout est plus franc, plus direct, plus humide.

L'important, c'est de garder intactes ses capacités d'émerveillement : depuis l'enfance, elles nous portent sur les chemins de traverse de l'imaginaire. Voyager ? Mais le voyage est tout sauf une pause, bien qu'il permette de faire des arrêts sur image. La pause, c'est du sur-place et surtout du non-faire (faire une pause est donc un non-sens occidental) pour capter les moments magiques. Le bonheur est là, au creux de la main, fugitif, éclair, virgule. Comme une coccinelle prête à s'envoler : « pfft »... Il faut savoir le saisir et l'aborder dans ce qu'il a de plus volatile : le moment présent.

Un sourire, un regard peut cristalliser tout cela. Souvent, on n'y prête pas attention. Voilà l'ennemi : le non-sentir, la non-sensibilité. Et telle sera donc la méthode : une disposition d'esprit, une ouverture, pour capter, engranger, savourer pauses, petits bonheurs, bulles et parenthèses, déchirer le voile de la mélancolie, de l'habitude et de la lassitude. Une mystique du quotidien. C'est ici et maintenant qu'il faut ralentir, écouter, sentir. Chaque heure, chaque jour, chaque lever de soleil est à goûter, à déguster, à digérer. Tranquillement. Pour ne plus gober n'importe quoi. Ni passer à côté de sa vie.

Arona Bé est un *mwalimu*, « le meilleur de Mayotte » selon la *fundi* Echata. Perdu dans sa forêt, sur le plateau d'Acoua, il regarde s'agiter le monde. Et tous ces hommes chavirés par le progrès montent le voir, essoufflés, pour lui demander de l'aide.

Le plus souvent, il n'est pas au rendez-vous. Il faut l'attendre des heures en écoutant les feuilles d'ylang-ylang.

Alors seulement il vous dira qui vous a jeté un sort, et commenceront les rituels.

GLOSSAIRE

Banco : Torchis fait d'un mélange de terre et de feuilles sèches de bananier.

Banga : Case d'adolescent constituée d'une seule pièce.

Bouénie : Madame, en shimaoré. Une femme mûre.

Buledi : Petite amie.

Cadi : Homme de loi musulman.

Dalao : Remède, médicament.

Djinn (pl. *madjini*) : 1) Esprit invisible pouvant posséder les humains. 2) Entité surnaturelle présentée dans les contes comme des êtres malicieux, poilus et cornus.

Dua : Prière, invocation.

Dzitso : Le mauvais œil. Il peut être le fait d'une personne mal intentionnée, d'un diable, d'un animal. Il est dû au fait que la victime a été regardée avec trop d'envie, ou par un être ayant l'œil mauvais.

Fady : Interdit, tabou (voir *miko*).

Fundi : Maître, savant dans une discipline qui peut utiliser, enseigner ou appliquer ses connaissances.

Hadj (pl. *mahadj*) : Personne ayant fait le pèlerinage à la Mecque.

Kwassa-kwassa : Barque d'immigrés clandestins.

Lamb : Pièce de tissu dont se drapent les femmes comoriennes.

Massera (pl. de *sera*) : Folie. *Mwenda massera* : personne folle.

Miko : Tabou, interdit.

Mufu : Mort. Mort-vivant.

Musada : Entraide collective.

Muzungu : L'étranger, le Blanc.

Mwalimu (pl. *walimu*) : Lettré, devin, guérisseur.

Nyora : Étoile. Destinée.

Platzas : Terres mises à nu par l'érosion.

Rumbu : Culte de possession organisé pour les djinns d'origine malgache (*trumba*, pl. *maromba*).

Sera (pl. *massera*) : Diable. Désigne les esprits autochtones, premiers habitants des îles. Ils sont sauvages et associés à la brousse, mais moins malveillants que les diables *mashetwan*.

Shetwane : Diable. De Satan, en arabe.

Shibushi : Dialecte malgache de Mayotte.

Shimaore : Langue mahoraise, proche des autres

langues comoriennes, appartenant au groupe bantou.

Trumba : Esprits ou djinns d'origine malgache.

Walimu (sing. de *mwalimu*) : Lettré, devin, guérisseur.

Wamuzungu (pluriel de *muzungu*) : Les Blancs.

Ziara : Lieu sacré habité par les *djinns*.

BIBLIOGRAPHIE

AIRAULT R., *Fous de l'Inde. Délires d'Occidentaux et sentiment océanique*, Paris, Payot, 2000 ; rééd. coll. « Petite Bibliothèque Payot », 2002.

AIRAULT R., « Mayotte, terre d'asile sans asile », *Études Océan Indien*, revue de l'INALCO, n° 33-34, février 2003.

ALLIBERT C., *Mayotte, plaque tournante et microcosme de l'océan Indien occidental. Son histoire avant 1841*, Paris, Anthropos, 1984.

ARIÈS P., *Essai sur l'histoire de la mort en Occident*, Paris, Seuil, 1975 ; rééd. coll. « Points Histoire », 1977.

BARRICO A., *Novecento. Pianiste*, Paris, Mille et Une Nuits, 1997 ; rééd. coll. « Folio », 2000.

BARRIE J.-M., *Peter Pan,* Paris, Gallimard, coll. « Folio junior », 1988.

BASTIDE R., *Le Rêve, la Transe, la Folie*, Paris,

Flammarion, 1972 ; rééd. Seuil, coll. « Points », 2003.
BÈGUE J.-M., « Genèse de l'ethnopsychiatrie », *Psychopathologie africaine*, vol. XXVIII, 2, 1997.
BLANCHY S., *La Vie quotidienne à Mayotte*, Paris, L'Harmattan, 1990.
BLANCHY S., SOILIHI Z., GUEUNIER N. J., SAÏD M., *Dictionnaire mahorais-français/français-mahorais*, Paris, L'Harmattan, 1996.
BOUFFART S., *Djinn et possession à Mayotte. Comores, le rite du patrosi : pérennité et changements*, Mémoire de maîtrise, Université Paris-X, 1999.
BOUFFART-KLEIN S., « Les "madjinni" à Mayotte », *Études Océan Indien*, revue de l'INALCO, n° 33-34, février 2003, p. 221-241.
BRUCKNER P., *Le Sanglot de l'homme blanc. Tiers-monde, culpabilité, haine de soi*, Paris, Seuil, 1983.
CASSAGNAUD J., « Le banga, expression d'un rite de passage », *Études Océan Indien*, revue de l'INALCO, n° 33-34, février 2003, p. 197-213.
CHANUDET C., « Le banga, forme emblématique de la culture mahoraise », *Études Océan Indien*, revue de l'INALCO, n° 33-34, février 2003, p. 213-220.
DEFOE D., *Vie et aventures de Robinson Crusoé*, Paris, Gallimard, coll. « Bibliothèque de la Pléiade », 1978.

DEVEREUX G., *Essais d'ethnopsychiatrie générale*, Paris, Gallimard, 1970.

EPELBOIN A., « Médecine traditionnelle et coopération internationale », *Amades*, n° 50, mai 2002, p. 2-5.

FONTAINE A., FONTANA C., *Raver*, Paris, Anthropos, 1996.

FOUGÈRE E., *Le Grand Livre du bagne en Guyane et Nouvelle-Calédonie*, Paris, Éditions Orphie, 2002.

FOUGÈRE E., *Les Voyages et l'Ancrage. Représentation de l'espace insulaire à l'âge classique (1615-1797)*, Paris, L'Harmattan, 1995.

FREUD S., *Malaise dans la civilisation* (1929), Paris, PUF, 1983.

HADDAD A., HADDAD G., *Freud en Italie*, Paris, Albin Michel, 1995 ; rééd. Hachette, coll. « Pluriel », 1998.

HELL B., *Possession et Chamanisme. Les maîtres du désordre*, Paris, Flammarion, 1999 ; rééd. coll. « Champs », 2002.

HELL B., *Le Tourbillon des génies. Au Maroc avec les gnawas*, Paris, Flammarion, 2002.

HORY J.-F., ABAD L., *Des maisons et des hommes*, Mayotte, Les Éditions Mahoraises, 1997.

HUERRE P., *L'Adolescence en héritage, d'une génération à l'autre*, Paris, Calmann-Lévy, 1996.

HULIN M., *La Face cachée du temps. L'imaginaire de l'au-delà*, Paris, Fayard, 1985.

KELLEY-LAINE K., *Peter Pan ou l'enfant triste*, Paris, Calmann-Lévy, 1992 ; rééd. Pocket, 1995.

LAMBECK M., *Knowledge and Practice in Mayotte. Local Discourses of Islam, Sorcery and Spirit Possession*, Toronto University Press, 1993.

LE CLEZIO J. M. G., *La Quarantaine*, Paris, Gallimard, coll. « Folio », 1997.

LEVI-STRAUSS C., *Tristes Tropiques*, Paris, Plon, coll. « Terre Humaine », 1955.

MAGHERINI G., *Le Syndrome de Stendhal. Du voyage dans les villes d'art*, Paris, Usher, 1990.

MICHAUX H., *Plume*, Paris, Gallimard, coll. « NRF », 1963.

MICHAUX H., *Un barbare en Asie*, Paris, Gallimard, 1933.

MEAD M., *Mœurs et sexualité en Océanie*, Paris, Plon, 1963.

NATHAN T., *L'Influence qui guérit*, Paris, Odile Jacob, 1995.

NATHAN T., STENGERS I., *Médecins et Sorciers*, Paris, Les Empêcheurs de Penser en Rond, 1999.

ORTIGUES M.-C., ORTIGUES E., *Œdipe africain*, UGE, coll. « 10-18 », 1973 ; rééd. L'Harmattan, 1984.

PICHART J.-C., CIDEY G., LE FUR Y., *Bangas, Mayotte*, Mayotte, Éditions B'wi !, 1989.

REBOUL H., RÉGIS E., *L'Assistance des aliénés*

aux colonies, rapport présenté au XXIIe congrès des médecins aliénistes et neurologistes de France et des pays de langue française, Tunis, 1er-7 avril 1912, Paris, Masson, 1912.

REVERZY J., « Le passage », in *Œuvres complètes*, Paris, Flammarion, 2002.

REVERZY J.-F., MAUVISSEAU F., PAYET G., *Psy 97.6. Rapport de la mission d'évaluation psychiatrique à Mayotte*, Saint-Pierre de la Réunion, 1993.

ROUSSIN-LARTIGAU C., *Les Représentations de la maladie et les recours thérapeutiques à Mayotte*, Mémoire de DEA en sciences humaines et sociales, sous la direction de B. Hell, Université de Franche-Comté, Besançon, janvier 2003.

ROWLING J. K., *Harry Potter à l'école des sorciers*, Gallimard, 1999.

SEGALEN V., *Les Immémoriaux*, Paris, Plon, coll. « Terre Humaine », 1956.

SIBONY D., *Entre-deux. L'origine en partage,* Paris, Seuil, 1991.

SOLOTAREFF G., *Moi, Fifi*, Paris, L'École des Loisirs, coll. « Bibliothèque jeunesse », 1992.

SÔSEKI N., *Oreiller d'herbes*, Paris, Rivages, coll. « Petite Bibliothèque », 1989.

URBAIN J.-D., *L'Idiot du voyage. Histoires de touristes*, Plon, 1991 ; rééd. coll. « Petite Bibliothèque Payot », 1993.

URBAIN J.-D., *L'Archipel des morts. Le sentier*

de la mort et les dérives de la mémoire dans les cimetières de l'Occident, Paris, Payot, coll. « Petite Bibliothèque Payot », 1998.

URBAIN J.-D., *Sur la plage*, Paris, Payot, coll. « Petite Bibliothèque Payot », 2002.

URBAIN J.-D., *Paradis verts. Désirs de campagne et passions résidentielles*, Paris, Payot, 2002.

VIDAL J.-M., *L'Adolescence à Mayotte : histoire, changement et paradoxes. Une étude anthropoclinique de l'identité*, Thèse de doctorat en anthropologie, Université de Montréal, 1994.

VIDAL J.-M., « L'adolescence à Mayotte. Entre la continuité et le changement : la résistance et la médiation culturelle », *Les Cahiers d'Anthropologie*, n° 3, 2000, p. 57-68.

WINNICOTT D. W., *Jeu et Réalité. L'espace potentiel*, Paris, Gallimard, 1975.

REMERCIEMENTS

Entre le réel de l'expérience et le réel de l'écriture, puis celui de la publication, des années s'écoulent. Je voudrais remercier ceux et celles qui ont su m'accompagner tout au long de ce chemin.

Ma femme, Soizic, pour sa patience, son soutien et ses idées.

Ferdinand et Hortense, à qui j'ai pris du temps sur nos jeux communs.

Mon équipe du Centre « Matulaï » à Mayotte.

Laure Marquet, qui a dactylographié le manuscrit, puis Ghislaine Mazaudier, qui m'a aidé pour les corrections.

Christophe Guias, qui m'offre depuis des années ses conseils et son professionnalisme d'éditeur.

Charles Rubinsztein, Farida Hefied et toute l'équipe de Payot & Rivages, pour leur soutien.

Anne Audru, Sylver Bouchet, Christophe

Dupont, Sylvie Gallioz, Cécile Leblanc, Yves Moatty, Jean-Claude Pichart et Jean-François Reverzy, qui ont bien voulu relire le manuscrit.

Tous mes amis, collègues, patients et compagnons de Paris, de l'océan Indien et des pays de la lune à l'envers.

TABLE

Achevé d'imprimer sur rotative
par l'Imprimerie Darantiere
à Dijon-Quetigny en
mars 2006

N° d'impression : 26-0561
Dépôt légal : mars 2006

Imprimé en France